九州大学出版会

はしがき

　本書では，日常使用される英語の口語表現を項目別に取り上げている。それぞれの項目において，よく使用される表現を日本語で表してあり，それに相当する英語がその下に表記してある。その英文には空欄が設けてあり，そこに日本語に合うように適語を入れるというテスト形式になっており，こうした空欄補充の問題を通して英語の口語表現の定着を図れるようになっている。

　本書では，まず日常生活において比較的なじみのあるトピックとして，空港，飛行機，宿泊，レストラン，銀行，電話，交通，ショッピング，病状に関する口語表現が場面別に配置され，次に，日常生活でよく使われるその他の口語表現，その後によく使われる熟語，ことわざが配置されている。また，日常口語表現を学習する際には語彙力も必要となってくるため，本書の最後に覚えておくと役に立つ語彙をジャンル別に問題形式で付録として付けてあり，こうした問題を通して，語彙の面からも口語表現の学習をサポートできるように構成されている。

　本書は，比較的簡単な口語表現から意外と思える表現まで幅広く取り上げ，大学の英語の授業だけでなく，英語を専門としない学習者に対しても使えるように工夫した。本書では，単語問題集と同じく解説を施さず1対1のテスト形式をとっているが，これは口語表現がどれくらい習得されているかを確認し，正答できなかった場合，その口語表現を覚えてもらうためである。本書はできるだけ多くの口語表現，特に日常使用される口語，熟語を学習してもらいたいという意図があり，口語表現の量に重点を置いた。

　本書を用いて，英語の口語表現を身につけ，海外留学だけでなく，英検等の検定試験の対策用としても使用して頂ければ幸甚です。

注記
・各編の解答は次頁以降に2段組みで掲載しています。
　上段の数字が設問番号，下段の丸囲み数字が解答の番号です。
・解答の選択枝は文頭に来る語でも小文字にしています。
・語彙の解答は107頁以降に掲載しています。

目　次

はしがき ……………………………………………………… *i*

日常生活編 …………………………………………………… *1*

口　語　編 …………………………………………………… *19*

熟　語　編 …………………………………………………… *67*

ことわざ編 …………………………………………………… *85*

語　　　彙 …………………………………………………… *91*

参 考 文 献 …………………………………………………… *112*

空港・飛行機編

次の文は空港，飛行機内で使われる基本表現です。空所に適語を入れてみましょう。

1. 英国航空のチェックインカウンターはどこですか。
   Where is the British Airways (　　) counter?
2. ニューヨークまでの直行便をお願いします。
   I'd like a nonstop (　　) to New York.
3. 飛行機の予約確認をしたいのですが。
   I'd like to (　　) my flight.
4. このバッグをニューヨークまで預けたいのですが。
   I'd like to (　　) this bag to New York.
5. 搭乗ゲートはどこですか。
   Where is the (　　) gate?
6. 搭乗開始は何時ですか。
   What time do you (　　) boarding?
7. この搭乗券の搭乗手続きは始まっていますか。
   Has this flight (　　) boarding?
8. パスポートを見せて下さい。
   May I (　　) your passport, please?
9. 旅行の目的は何ですか。
   What's the (　　) of your visit?
10. 観光です。
    I'm here for (　　).
11. 商用です。
    I'm here (　　) business.
12. 留学です。
    I'm here to (　　).
13. 休暇をとって来ています。
    I'm here on (　　).
14. 何日滞在予定ですか。
    How (　　) will you be staying?
15. どこに滞在しますか。
    Where are you (　　)?
16. 所持金はいくらですか。
    How much money do you (　　)?

17. 特別に申告するものはありますか。
    Do you have anything to (　　　) ?
18. 申告するものはありません。
    I have (　　　) to declare.
19. 洋服と身の回り品だけです。
    I just have clothes and personal (　　　).
20. 手荷物はどこでチェックインすればいいのですか。
    Where do I check in my (　　　) ?
21. 飛行機の到着予定時刻は何時ですか。
    What's the flight's scheduled (　　　) time?
22. 手荷物はどこで受け取れますか。
    Where can I (　　　) my baggage?
23. ここは英国航空328便の手荷物受取所ですか。
    Is this the baggage (　　　) area from British Airways 328?
24. 私の荷物が見つかりません。
    I can't (　　　) my baggage.
25. 手荷物引換証はこれです。
    Here are my claim (　　　).
26. タクシー乗り場はどこですか。
    Where is the taxi (　　　) ?
27. 市内へ行く空港バスはありますか。
    Is (　　　) a bus from the airport into the city?
28. テーブルを片づけてください。
    (　　　) the table, please.
29. 何か飲み物をください。
    Can I have (　　　) to drink?
30. この書類の書き方を教えてください。
    Could you tell me how to (　　　) out this form?

① start　② nothing　③ find　④ fill　⑤ boarding　⑥ study　⑦ on　⑧ declare
⑨ claim　⑩ check　⑪ have　⑫ get　⑬ something　⑭ reconfirm　⑮ sightseeing
⑯ staying　⑰ arrival　⑱ clear　⑲ flight　⑳ purpose　㉑ there　㉒ see　㉓ long
㉔ baggage　㉕ stand　㉖ check-in　㉗ begun　㉘ vacation　㉙ belongings　㉚ tags

3

宿泊編

次の文は宿泊施設で使われる基本表現です。
空所に適語を入れてみましょう。

1. 今晩，空いている部屋はありますか。
   Do you have any (　　　) tonight?
2. チェックインしたいのですが。
   I'd like to (　　　) in, please.
3. 予約はしています。
   I have a (　　　).
4. お名前を頂けますか。
   Can I (　　　) your name, please?
5. 帰って来るまで荷物を預かっていただけませんか。
   Would you (　　　) my baggage until I come back?
6. 1泊いくらですか。
   How much is it per (　　　)?
7. 税金とサービス料は込みですか。
   Does it include tax and service (　　　)?
8. 前金が必要ですか。
   Do you need a (　　　)?
9. 明後日まで滞在を延長することはできますか。
   Would it be possible to (　　　) my stay till the day after tomorrow?
10. もう1日，延泊できますか。
    I'd like to stay (　　　) night if I can.
11. 部屋を変えてもらえませんか。
    Could I (　　　) to a different room?
12. 角部屋でお願いします。
    I'd like a room in the (　　　) of the building.
13. 禁煙の部屋を探していただけないでしょうか。
    Could you (　　　) me a non-smoking room?
14. 海に面した部屋でお願いします。
    I'd like a room with an ocean (　　　).
15. エアコンが動きません。
    The air conditioner doesn't (　　　).
16. 部屋に行ってチェックいたします。
    I will go to your room and check it (　　　).

17. レストランを予約していただけますか。
　　Could you (　　) a restaurant?
18. 明日8時にモーニングコールをしていただけませんか。
　　Could I get a (　　) call tomorrow at 8:00?
19. セーフティーボックスを使ってもいいですか。
　　Can I use a (　　) box?
20. この料金は何ですか。
　　What is this (　　) for?
21. ルームサービスのビール代です。
　　It's (　　) the beer you ordered from room service.
22. ファクシミリはありますか。
　　Do (　　) have a facsimile?
23. ルームサービスをお願いしたいのですが。
　　I'd like to (　　) room service.
24. インターネットにアクセスできる，宿泊客用のパソコンはありませんか。
　　Do you have a PC with Internet access (　　) for guest use?

① order　② wake-up　③ corner　④ night　⑤ you　⑥ reserve　⑦ move
⑧ keep　⑨ have　⑩ another　⑪ out　⑫ for　⑬ amount　⑭ work　⑮ extend
⑯ reservation　⑰ check　⑱ deposit　⑲ view　⑳ available　㉑ safe-deposit
㉒ find　㉓ charges　㉔ vacancies

〈空港・飛行機編の答〉
1　2　3　4　5　6　7　8　9　10　11 12 13 14 15 16 17 18 19 20　21 22 23 24 25 26 27 28 29 30
㉖ ⑲ ⑭ ⑩ ⑤ ① ㉗ ㉒ ⑳ ⑮　⑦ ⑥ ㉘ ㉓ ⑯ ⑪ ⑧ ② ㉙ ㉔　⑰ ⑫ ⑨ ③ ㉚ ㉕ ㉑ ⑱ ⑬ ④

レストラン編

次の文はレストランで使われる基本表現です。空所に適語を入れてみましょう。

1. 3人ですが，空いていますか。
   Do you have a (　　　) for three?
2. すみません。予約をしている山田と言いますが。
   Excuse me. I have a (　　　). My name is Yamada.
3. 明日の夜7時に，2名の予約をしたいのですが。
   I'd like to (　　　) a reservation for two for tomorrow evening at seven.
4. お決まりですか。
   Have you (　　　)?
5. 本日のスペシャルはなんですか。
   What's today's (　　　)?
6. おすすめ料理はありますか。
   Do you have any (　　　)?
7. ヒレ肉のステーキとビールにします。
   I'll (　　　) a fillet steak and a glass of beer.
8. 「ステーキはどう焼きましょうか。」「レアにしてください。」
   "How would you (　　　) your steak?" "Rare, please."
9. 注文した料理がまだきません。
   My order hasn't (　　　) yet.
10. これは私の注文したものではありません。
    This is not (　　　) I ordered.
11. もう長いこと待っているのですが。
    We've been (　　　) a long time.
12. 「コーヒーのお代わりをいただけますか。」「はい。ただいまお持ちします。」
    "May I have (　　　) cup of coffee?" "Yes. Coming right up."
13. ライスは大盛りにしてください。
    I'd like an extra large (　　　) of rice, please.
14. 「サイドディッシュには何かついてきますか。」「スープかサラダをお選びいただけます。」
    "Does it come (　　　) any side dishes?" "You have a choice of soup or salad."
15. 肉に合うワインはどれですか。
    Which wine (　　　) best with red meat?

6

16. この料理の中には何が入っているのか教えてください。
    Can you (   ) me what's in this dish?
17. すみません。お皿を下げていただけませんか。
    Excuse me. Could you take our plates (   )?
18. 何時閉店ですか。
    What time do you (   )?
19. 勘定お願いします。
    (   ), please.
20. 2人一緒に勘定してください。
    Make out one bill (   ) both of us.
21. 勘定を別々にしていただけませんか。
    Could you (   ) us separate bills, please?
22. このカードは使えますか。
    Can I (   ) this card?
23. この前おごってもらったから、今日はおごるよ。
    You treated me last time. It's (   ) me.
24. お手洗いはどこですか。
    Where is the (   )?
25. 持ち帰り用袋をいただけますか。
    Can I have a (   ) bag?

① waiting ② away ③ restroom ④ special ⑤ what ⑥ tell ⑦ on ⑧ use
⑨ goes ⑩ come ⑪ decided ⑫ give ⑬ with ⑭ like ⑮ make ⑯ for
⑰ helping ⑱ have ⑲ reservation ⑳ table ㉑ recommendations ㉒ another
㉓ close ㉔ doggy ㉕ check

〈宿泊編の答〉 1 2 3 4 5 6 7 8 9 10　11 12 13 14 15 16 17 18 19 20　21 22 23 24
㉔ ⑰ ⑯ ⑨ ⑧ ④ ㉓ ⑱ ⑮ ⑩　⑦ ③ ㉒ ⑲ ⑭ ⑪ ⑥ ② ㉑ ⑬　⑫ ⑤ ① ⑳

銀行編

次の文は銀行で使われる基本表現です。空所に適語を入れてみましょう。

1. この辺りで，両替できるところはどこでしょうか。
   Where is the nearest place I can (　　　) money?
2. この紙幣をドルに両替してください。
   Can you change this (　　　) into dollars?
3. 金種はどのようにしますか。
   How would you (　　　) your money?
4. 小銭も混ぜてください。
   I'd like some small (　　　).
5. （1ドル札などを渡しながら）25セントにしてください。
   (　　　), please.
6. このトラベラーズチェックを現金にしてください。
   Could you (　　　) this traveler's check?
7. 盗難に遭ったんです。トラベラーズチェックの再発行をお願いします。
   My checks were stolen. Could you (　　　) me some traveler's checks?
8. この銀行に口座を設けたいのですが。
   I'd like to open an (　　　) with this bank.
9. 複数の口座に分けて預金したいのですが。
   I'd like to (　　　) up a sum for deposit in multiple accounts.
10. 口座を解約したいのですが。
    I'd like to (　　　) my account.
11. この口座に100ドル払い込みたいのですが。
    I'd like to (　　　) $100 to this bank account.
12. 預金を引き出したいのですが。
    I'd like to (　　　) my money (deposit).
13. 私の口座から小切手で500ドル引き出したいのですが。
    I'd like to withdraw $500 from my account by (　　　).
14. この会社に電信為替で送金したいのですが。
    I'd like to (　　　) money to this company by telegraphic transfer.
15. 現金自動支払機はどこですか。
    Where is a cash (　　　)?
16. この現金自動支払機の使い方を教えて下さい。
    Could you tell me (　　　) to use this cash dispenser?

17. この手形を現金にしてください。
    Could you (　　) this bill cashed?
18. これは2％の利息のつく預金です。
    This is a deposit (　　) 2 percent interest.
19. 彼は銀行から100万ドル借入の契約を結んだ。
    He (　　) a loan of one million dollars with a bank.
20. その銀行は彼に4％の利息で1,000ドル貸し付けた。
    The bank loaned him $1,000 at 4％ (　　).
21. 銀行から住宅ローンを受けることができるならこの家を買うつもりだ。
    If we can get a (　　) from a bank, we are going to buy this house.
22. 銀行はその家屋を担保に金を貸そうと言った。
    The bank offered us a mortgage on the (　　) of the house.
23. 家を抵当に入れて金を借りたいと思う。
    I want to (　　) a mortgage on my house.
24. 住宅を買うために地元の銀行にローンを設定した。
    I (　　) out a mortgage with the local bank to buy a house.
25. 住宅ローンの返済はほぼ終わりました。
    The mortgage has nearly (　　) out.

① took ② concluded ③ check ④ account ⑤ exchange ⑥ run ⑦ interest
⑧ remit ⑨ divide ⑩ bill ⑪ reissue ⑫ draw ⑬ carrying ⑭ place ⑮ cash
⑯ transfer ⑰ have ⑱ quarters ⑲ how ⑳ change ㉑ security
㉒ like ㉓ close または terminate ㉔ dispenser ㉕ mortgage

〈レストラン編の答〉 1 2 3 4 5 6 7 8 9 10 11 12 13 14 15 16 17 18 19 20 21 22 23 24 25
　　　　　　　　 ⑳ ⑲ ⑮ ⑪ ④ ㉑ ⑱ ⑭ ⑩ ⑤ ① ㉒ ⑰ ⑬ ⑨ ⑥ ② ㉓ ㉕ ⑯ ⑫ ⑧ ⑦ ③ ㉔

電話編

次の文は電話に関する基本表現です。空所に適語を入れてみましょう。

1. 山田と申しますが，太郎さんをお願いいたします。
   This is Yamada calling. May I (　　　) with Taro?
2. 山田さんを電話口までお願いします。
   Could you get Mr. Yamada (　　　) the phone?
3. どちらさまですか。
   Who's (　　　), please?
4. BBCの山田と申しますが，人事担当の方をお願いできますでしょうか。
   Hello, (　　　) is Yamada from BBC calling. May I speak to someone in charge of personnel affairs?
5. そのままでお待ちください。
   Can you (　　　) the line, please?
6. この電話を人事課に回していただけますか。
   Could you put me (　　　) to the personnel section?
7. 今話し中です。
   The line is (　　　).
8. お電話いただいたそうで。どういったご用件でしたか。
   I just heard you'd already called. What was your call (　　　)?
9. 折り返しお電話いたします。
   I'll call you (　　　).
10. 山田はいま留守にしていますが。
    Yamada is not (　　　) at the moment.
11. 彼は今，手が離せないのですが。
    He's (　　　) up at the moment.
12. 山田は今，他の電話に出ておりますが。
    Yamada is on another (　　　) right now.
13. 今，出先ですので，こちらからまたお電話いたします。
    I'm (　　　) from the office right now, so I'll call you back.
14. 電話が遠いんですが，もう少し大きな声でお話しいただけますか。
    We seem to have a bad (　　　). Could you speak a little louder, please?
15. 伝言をいただいておきましょうか。
    Can I (　　　) a message?

10

16. 折り返しお電話いただけるよう，お伝え願えますか。
    Could you please (　　) him call me back?
17. 太郎，電話ですよ。
    You're (　　) on the phone, Taro.
18. 失礼ですが，電話番号をお間違えじゃないでしょうか。
    Sorry. I think you've got the (　　) number.
19. 山田はちょっと席をはずしておりますが，すぐに戻ると思います。
    Yamada is away from his (　　) right now, but I'm sure she'll be back in a moment.
20. 急用だからと言って彼を電話口に呼んでもらった。
    I said it was (　　), and had him called to the phone.
21. 電話番号を教えてくれればあとで電話するよ。
    If you (　　) me your phone number, I'll call you back later.
22. 電話帳で市役所の電話番号を調べてくれますか。
    Could you look up (check) the phone number of the city office in the telephone (　　).
23. 会社の電話を私用に使ってはいけません。
    Don't use the company phone for (　　) calls.
24. 今電話が通じない。
    You can't (　　) through at the moment.

① urgent　② busy　③ speak　④ get　⑤ on　⑥ through　⑦ personal
⑧ give　⑨ regarding　⑩ connection　⑪ calling　⑫ hold　⑬ seat　⑭ this
⑮ back　⑯ away　⑰ take　⑱ wrong　⑲ in　⑳ tied　㉑ line　㉒ wanted
㉓ directory　㉔ have

〈銀行編の答〉 1 2 3 4 5 6 7 8 9 10　11 12 13 14 15 16 17 18 19 20　21 22 23 24 25
⑤ ⑩ ㉒ ⑳ ⑱ ⑮ ⑪ ④ ⑨ ㉓　⑯ ⑫ ③ ⑧ ㉔ ⑲ ⑰ ⑬ ② ⑦　㉕ ㉑ ⑭ ① ⑥

11

交通編

次の文は交通関連の基本表現です。
空所に適語を入れてみましょう。

1. アトランタまでの片道切符をください。
   I'd like a (　　　) ticket to Atlanta.
2. アトランタまでの往復切符をください。
   I'd like a (　　　) ticket to Atlanta.
3. これはニューヨーク行きの列車ですか。
   Is this the (　　　) train for New York?
4. この切符を取り消せますか。
   Can I (　　　) this ticket?
5. この切符を一等席に変えたいのですが。
   I'd like to change this ticket to the (　　　) class.
6. この切符で途中下車はできますか。
   Can I stop (　　　) with this ticket?
7. タクシーを呼んでください。
   Could you (　　　) a taxi for me?
8. この住所まで行ってください。
   (　　　) me to this address, please.
9. そこの突き当たりを右に曲がってください。
   (　　　) right at the end there, please.
10. その信号を過ぎたところで降ろしてください。
    Would you (　　　) me off past the signal?
11. お釣りはとっておいてください。
    Keep the (　　　), please.
12. アトランタ行きのバス停はどこですか。
    Where's the bus stop (　　　) Atlanta?
13. アトランタに行くバスはここで待てばいいのですか。
    Do I (　　　) here for the bus to go to Atlanta?
14. すみません。このバスがペン駅に着いたら教えていただけますか。
    Excuse me. Please let me (　　　) when this bus gets to Penn Station.
15. セントラルパーク行きのバスはどれくらいの間隔で走っていますか。
    How (　　　) does the bus go to Central Park?
16. 運賃はおいくらですか。
    What's the (　　　)?

17. 東京からニューヨークまで飛行機で料金はどれくらいかかりますか。
    How much does it (　　) to go from Tokyo to New York by plane?
18. この住所へはどうやって行けばいいでしょうか。
    How can I (　　) to this address?
19. ここからどのくらいの距離ですか。
    How (　　) is it from here?
20. そこまで歩いて何分くらいですか。
    How long does it take to get there on (　　)?
21. すみませんが，郵便局へ行く道を教えてください。
    Excuse me. Could you tell me the (　　) to the post office?
22. まっすぐ行って，2つ目の信号を右に曲がってください。
    Go (　　) on and turn to the right at the second traffic light.
23. 道に迷ったみたいです。
    I think I'm (　　).
24. すみませんが，この地図上のどこにいるのか教えてください。
    Excuse me. Could you show me where we (　　) now on this map?
25. すみません，この辺はよく知らないんです。
    I'm sorry I'm a (　　) here.

① for　② call　③ wait　④ foot　⑤ stranger　⑥ far　⑦ over　⑧ change　⑨ get
⑩ are　⑪ one-way　⑫ take　⑬ know　⑭ way　⑮ round-trip　⑯ turn　⑰ often
⑱ straight　⑲ lost　⑳ cost　㉑ first　㉒ cancel　㉓ drop　㉔ fare　㉕ right

〈電話編の答〉 1 2 3 4 5 6 7 8 9 10　11 12 13 14 15 16 17 18 19 20　21 22 23 24
③ ⑤ ⑪ ⑭ ⑫ ⑥ ② ⑨ ⑮ ⑲　⑳ ㉑ ⑯ ⑩ ⑰ ㉔ ㉒ ⑱ ⑬ ①　⑧ ㉓ ⑦ ④

ショッピング編

次の文はショッピングの際に使われる基本表現です。空所に適語を入れてみましょう。

1. Tシャツありますか。
    Do you (　　　) T-shirts?
2. いらっしゃいませ。
    May I help you? How may I help you? What can I do (　　　　) you?
3. 見ているだけです。
    I'm just (　　　).
4. 靴売り場はどこですか。
    Where is the shoe (　　　)?
5. スーツが欲しいんですが。
    I'd (　　　) a suit.
6. 店はいつ開くのですか。
    When does the store (　　　　)?
7. 店はいつ閉まるのですか。
    When does the store (　　　)?
8. このシャツの大きいのはありますか。
    Do you have this shirt in a (　　　　)?
9. もうひとつ大きいサイズはありますか。
    Do you have this in one size (　　　　)?
10. このセーターの青いのはありますか。
    Do (　　　) have this sweater in blue?
11. 試着室はどこですか。
    Where is the (　　　) room?
12. 試着してもいいですか。
    May I (　　　) this on?
13. 私には小さすぎます。
    It's too (　　　) for me.
14. サイズが合わないんです。
    It doesn't (　　　).
15. このセーターはこのスカートに合う。
    This sweater (　　　) this skirt.

16. これは派手すぎます。
    This is too (   ).
17. これは地味すぎます。
    This is too (   ).
18. お支払いは現金ですか，カードですか。
    Will that be cash or (   )?
19. ビザカードは使えますか。
    Can I (   ) VISA?
20. 日本円は使えますか。
    Can I (   ) in Japanese yen?
21. 分割払いはできますか。
    Can I pay by (   ) payment?
22. カードで一部を支払って，残りを現金で支払うことはできますか。
    Can I put part of it on my card and pay the (   ) in cash?
23. 返金してもらえませんか。
    Can I have a (   )?
24. まけてもらえませんか。
    Could you give me a (   ) price?
25. いやならけっこうです。
    Take it or (   ) it.
26. このシャツの長袖はありますか。
    Do you have this shirt (   ) a long-sleeve?
27. そちらの色は今，在庫を切らしています。
    I'm afraid we're out of (   ) in that color.

① department ② refund ③ close ④ in ⑤ stock ⑥ have ⑦ like ⑧ better
⑨ rest ⑩ looking ⑪ installment ⑫ open ⑬ for ⑭ large ⑮ matches
⑯ fit ⑰ leave ⑱ larger ⑲ small ⑳ you ㉑ pay ㉒ fitting ㉓ use ㉔ try
㉕ plain ㉖ charge ㉗ flashy

〈交通編の答〉 1 2 3 4 5 6 7 8 9 10 11 12 13 14 15 16 17 18 19 20 21 22 23 24 25
⑪ ⑮ ㉕ ㉒ ㉑ ⑦ ② ⑫ ⑯ ㉓   ⑧ ① ③ ⑬ ⑰ ㉔ ⑳ ⑨ ⑥ ④   ⑭ ⑱ ⑲ ⑩ ⑤

病状編 1

次の文は病状に関する基本表現です。
空所に適語を入れてみましょう。

1. 顔色が悪いですよ。　You look (　　　).
2. 具合が悪いです。　I feel (　　　).
3. 気分が悪い。　I don't feel (　　　).
4. 鼻水が出る。　I have a (　　　) nose.
5. 鼻が詰まっています。　I have a (　　　) nose.
6. お腹が痛い。　I have a (　　　).
7. めまいがします。　I feel (　　　).
8. だるいです。　I feel (　　　).
9. 頭が痛いです。　I have a (　　　).
10. 吐き気がします。　I feel like (　　　) up.
11. 食中毒です。　I have food (　　　).
12. 下痢している。　I have (　　　).
13. 体中に湿疹が出ている。　I have a (　　　) all over my body.
14. のどが痛い。　I have a (　　　) throat.
15. 便秘している。　I'm (　　　).
16. 首をひねった。　I (　　　) my neck.
17. 胸が痛い。　I have a (　　　) in my chest.
18. 咳が止まらない。　I can't stop (　　　).
19. 奥歯が痛い。　My (　　　) tooth aches.
20. 食欲がない。　I have no (　　　).
21. 花粉症に苦しんでます。　I suffer from (　　　).
22. 歯茎がはれている。　My (　　　) are swollen.
23. よく胸焼けがする。　I get (　　　) a lot.
24. 胃が重い。　My stomach feels (　　　).
25. 虫歯がある。　I have a (　　　).

① rash　② headache　③ back　④ dizzy　⑤ pain　⑥ cavity　⑦ stuffy　⑧ bad
⑨ throwing　⑩ runny　⑪ heavy　⑫ hay fever　⑬ twisted　⑭ well　⑮ stomachache
⑯ appetite　⑰ constipated　⑱ sore　⑲ sick または ill　⑳ heartburn　㉑ poisoning
㉒ diarrhea　㉓ gums　㉔ groggy　㉕ coughing

〈ショッピング編の答〉
1	2	3	4	5	6	7	8	9	10	11	12	13	14	15	16	17	18	19	20	21	22	23	24	25	26	27
⑥	⑬	①	⑦	⑫	③	⑭	⑱	⑳		㉒	㉔	⑲	⑯	⑮	㉗	㉕	㉖	㉓	㉑		⑪	⑨	②	⑧	⑰	④	⑤

病状編 2

次の文は病状に関する基本表現です。
空所に適語を入れてみましょう。

1. 肩こりがする。　I have (　　　) shoulders.
2. 足首をくじいた。　I (　　　) my ankle.
3. 足の骨を折りました。　I (　　　) my leg.
4. 出血しています。　It's (　　　).
5. 手をやけどしました。　I (　　　) my hand.
6. 血圧が高いです。　I have high blood (　　　).
7. ひどい風邪です。　I have a bad (　　　).
8. 少し熱があります。　I have a bit of a (　　　).
9. 目が疲れている。　My eyes are (　　　).
10. かゆいです。　It's (　　　).
11. 鈍い痛みがします。　I have a (　　　) pain.
12. 鋭い痛みがします。　I have a (　　　) pain.
13. ずきずき痛みます。　I have a (　　　) pain.
14. 刺すように痛みます。　I have a (　　　) pain.
15. 詰め物がとれました。　A (　　　) has fallen out.
16. 意識が朦朧としている。　I have a dim (　　　).
17. うつ状態です。　I am very (　　　) at the moment.
18. 二日酔いです。　I have a (　　　).
19. 睡眠薬を飲んだために頭がまだぼんやりしている。
    My mind is still (　　　) from sleeping tablets.
20. 目が充血しています。　My eyes are (　　　).
21. 目がかすんでいます。　I have (　　　) eyes.
22. 鼻血が出ています。　I have a (　　　) nose.
23. 動悸が激しい。　My heart (　　　) violently.
24. 息切れがします。　I get out of (　　　).

---

① itchy　② breath　③ stiff　④ pressure　⑤ dim　⑥ depressed　⑦ consciousness
⑧ cold　⑨ throbs　⑩ burned　⑪ bloody　⑫ sprained　⑬ bloodshot　⑭ bleeding
⑮ fuzzy　⑯ fever　⑰ throbbing　⑱ broke　⑲ hangover　⑳ filling　㉑ sharp
㉒ tired　㉓ stabbing　㉔ dull

〈病状編1の答〉 1 2 3 4 5 6 7 8 9 10　11 12 13 14 15 16 17 18 19 20　21 22 23 24 25
　　　　　　　⑧ ⑲ ⑭ ⑩ ⑦ ⑮ ④ ㉔ ② ⑨　㉑ ㉒ ① ⑱ ⑰ ⑬ ⑤ ㉕ ③ ⑯　⑫ ㉓ ⑳ ⑪ ⑥

〈病状編2の答〉 1 2 3 4 5 6 7 8 9 10 11 12 13 14 15 16 17 18 19 20 21 22 23 24
③ ⑫ ⑱ ⑭ ⑩ ④ ⑧ ⑯ ㉒ ① ㉔ ㉑ ⑰ ㉓ ⑳ ⑦ ⑥ ⑲ ⑮ ⑬ ⑤ ⑪ ⑨ ②

口語編

口語編 1

次の文は比較的短い口語表現です。空所に適語を入れてみましょう。

1. お先にどうぞ。 After (   ).
2. 年長者が先。(ややぶしつけな言い方)　Age before (   ).
3. 何でもあり。 Anything (   ).
4. おっしゃる通りです。 Anything you (   ).
5. ご注文の品はお決まりでしょうか。 Are you (   ) to order?
6. 振り出しに戻ろう。 Back to (   ) one.
7. どうぞ。どうぞご自由に。どうぞお先に。 Be my (   ).
8. 失せろ。出て行け。(スラングなので注意を要する) (   ) it!
9. もうお手上げだ。 (   ) me.
10. 後ろに気をつけて。 (   ) you!
11. 私の言っていることは本当です。私を信じて下さい。
    Believe you (   )!
12. 乾杯。 Bottoms (   )!
13. がんばって。 Break a (   )!
14. 辛うじて。 by the (   ) of someone's teeth
15. またのお越しをお待ちしています。 Call (   ).
16. 落ち着いて。 Calm (   ).
17. 最高。 Can't beat (   ).
18. おかわりはいかがですか。 Care for (   )?
19. またあとで。 Catch you (   ).
20. もうちょっとだったのに。惜しいねえ。 Close, but no (   ).

① later ② me ③ again ④ you ⑤ skin ⑥ cigar ⑦ beauty ⑧ down
⑨ beats ⑩ guest ⑪ beat ⑫ goes ⑬ up ⑭ that ⑮ ready ⑯ another
⑰ say ⑱ behind ⑲ leg ⑳ square

口語編 2

次の文は比較的短い口語表現です。
空所に適語を入れてみましょう。

1. 大至急お願いします。　Do it (　　　).
2. 準備万端整えよう。　Clear the (　　　)!
3. 邪魔にならないよう道をあけてください。　Clear the (　　　)!
4. 寒いですね。　Cold (　　　) for you?
5. いい加減にしろ。そんなみえすいた態度はやめろ。　Come (　　　) it!
6. 最高だとは言えない。　Could be (　　　).
7. 勘定をお願いします。　Could I have the bill / (　　　)?
8. 失礼してもいいですか。食卓を離れてもいいですか。
　　Could I be (　　　)?
9. 車に乗せてあげましょうか。　Could I give you a (　　　)?
10. 伝言をお願いしたいのですが。　Could I (　　　) a message?
11. （電話で）そのままお待ちいただけますか。　Could you (　　　)?
12. 私も加えて。　Count me (　　　).
13. 私は結構です。　Count me (　　　).
14. そんなことをする（言う）のはやめてくれ。（打ちとけた表現）
　　(　　　) it out!
15. 食事を始めて下さい。たっぷり食べて下さい。　(　　　) in!
16. わかりますか。　Do you (　　　)?
17. これであなたは賛成ですか（異存はありませんか）。
　　Does it (　　　) for you?
18. えっなんだって。本当かい。　Do (　　　).
19. 私の言っていることがわかりますか。　Do you (　　　)?
20. お願いしてもいいですか。　Do you mind if I ask you a (　　　)?
21. あなたは今の状況がわかっていますか。しなければならないことがわかっていますか。　Do you get the (　　　)?

① excused　② dig　③ picture　④ follow　⑤ tell　⑥ deck　⑦ follow　⑧ in　⑨ work　⑩ enough　⑪ hold　⑫ better　⑬ favor　⑭ ASAP (ASAP= as soon as possible の頭文字)　⑮ lift　⑯ out　⑰ off　⑱ way　⑲ check　⑳ leave　㉑ cut

〈口語編1の答〉　1 2 3 4 5 6 7 8 9 10　11 12 13 14 15 16 17 18 19 20
④⑦⑫⑰⑮⑳⑩⑪⑨⑱　②⑬⑲⑤③⑧⑭⑯①⑥

21

口語編 3

次の文は比較的短い口語表現です。空所に適語を入れてみましょう。

1. ばかなこと言わないで。　Don't be (　　　).
2. どうぞおかまいなく。それには及ばない。　Don't (　　　).
3. 私の悪口を言わないで。　Don't call me (　　　)!
4. ばかなこと言わないで。　Don't give me (　　　).
5. そんなにあせらないで。　Don't hold your (　　　).
6. 早とちりしないように。　Don't (　　　) to conclusions!
7. どういたしまして。お礼には及びません。　Don't (　　　) it.
8. 誰にも言わないで。　Don't tell a (　　　).
9. ちょっと寄っていって。　Drop (　　　).
10. そっとやりなさい。気をつけて動きなさい。　(　　　) does it.
11. ごもっとも。　Fair (　　　).
12. まあまあだ。ほどほどだ。　Fair to (　　　).
13. その他のことはよく考えればわかる。　Fill in the (　　　).
14. もっと教えてください。　Fill me (　　　).
15. おやおや。あらまあ。あきれた。(驚きやショックを表す)
    For pity's / Pete's (　　　)!
16. しつこく言うのはやめて。私の勝手にさせて。ほっておいて。
    Get off my (　　　)!
17. 急ぎなさい。　Get the lead (　　　)!
18. だいたいのみこめましたか。　Get the (　　　)?
19. お電話ください。　Give me a (　　　).
20. いい加減にして。からかわないで。　Gimme a (　　　)!

① out　② in　③ middling　④ soul　⑤ names　⑥ easy　⑦ break　⑧ silly
⑨ back　⑩ blanks　⑪ jump　⑫ bother　⑬ sake　⑭ breath　⑮ picture　⑯ that
⑰ enough　⑱ by　⑲ ring　⑳ mention

〈口語編2の答〉　1 2 3 4 5 6 7 8 9 10　11 12 13 14 15 16 17 18 19 20　21
⑭ ⑥ ⑱ ⑩ ⑰ ⑫ ⑲ ① ⑮ ⑳　⑪ ⑧ ⑯ ㉑ ② ④ ⑨ ⑤ ⑦ ⑬　③

口語編 4

次の文は比較的短い口語表現です。空所に適語を入れてみましょう。

1. 彼に一言文句を言ってやればどうですか。
   Why don't you (　　) him a piece of your mind?
2. べらべらしゃべるのはやめなさい。（ぶしつけな表現）
   Give it a (　　)!
3. あっちに行きなさい。（ぶしつけな表現）　Go fly a (　　)!
4. 当たって砕けろ。　Go for (　　)!
5. やれるものならやってみな。それなりの代償があるぞ。
   Go ahead, make my (　　)!
6. やってみなさい。挑戦しろ。　(　　) for it.
7. よかったね。　Good (　　) you!
8. ちょっといいですか。　Got a (　　)?
9. 何だかあててみて。ちょっと聞いてよ。（相手を話に巻き込む表現）
   Guess (　　)!
10. どっちつかずだ。　Half and (　　).
11. がんばれ。諦めるな。　Hang in (　　)!
12. 大いに楽しんで。　Have a (　　)!
13. やってごらんなさい。　(　　) a go at it.
14. 勝手にしなさい。　Have it your (　　)!
15. ご自由にどうぞ。　Have (　　).
16. はい，どうぞ。ここでしたか。　Here you (　　).
17. もう行かなければ。　Hit the (　　).
18. 暑いですねえ。　Hot (　　) for you?
19. すべてうまくいってますか。　How's (　　)?
20. どうだい調子は。うまくいっているかい。
    How goes it (　　) you?

① rest　② road　③ minute　④ ball　⑤ everything　⑥ are　⑦ half　⑧ kite
⑨ with　⑩ have　⑪ give　⑫ for　⑬ what　⑭ enough　⑮ it　⑯ yourself　⑰ go
⑱ there　⑲ way　⑳ day

〈口語編3の答〉　1 2 3 4 5 6 7 8 9 10　11 12 13 14 15 16 17 18 19 20
⑧ ⑫ ⑤ ⑯ ⑭ ⑪ ⑳ ④ ⑱ ⑥　⑰ ③ ⑩ ② ⑬ ⑨ ① ⑮ ⑲ ⑦

口語編 5

次の文は比較的短い口語表現です。空所に適語を入れてみましょう。

1. 失敗した。しくじった。 I ( ) it.
2. 私はそれで構いません。 I can ( ) with that.
3. しかたないんだ。 I can't ( ) it.
4. ご希望にそえません。 I can't ( ) that happen.
5. 関係ない。どうでもいい。 I couldn't ( ) less.
6. それはいただけないな。 I don't buy ( ).
7. わかりました。やっとわかった。 I ( ) it.
8. そろそろ行かないと。 I'd better be ( ).
9. できれば〜したくないのですが。 I'd rather ( ).
10. 私には全くわかりません。 I have no ( ).
11. 最高の気分だ。 I feel like a million ( ).
12. 失礼いたします。 I have to move ( ).
13. 見当がつきません。 I haven't a ( ).
14. そうに違いない。私もそう思う。 I'll ( ).
15. すべてを話すよ。 I'll ( ) you in.
16. いちかばちかやってみよう。 I'll take a ( ).
17. 検討致しましょう。 I'll think it ( ).
18. 人のことは構わないでいただきたい。
    I'll thank you to mind your own ( ).
19. やった。うまくいった。 I made ( ).
20. 理解していますよ。 I'm ( ) you.

① not ② off ③ following ④ chance ⑤ idea ⑥ care ⑦ business ⑧ blew
⑨ along ⑩ make ⑪ clue ⑫ fill ⑬ over ⑭ live ⑮ that ⑯ it ⑰ dollars
⑱ help ⑲ get ⑳ bet

〈口語編 4 の答〉 1 2 3 4 5 6 7 8 9 10　11 12 13 14 15 16 17 18 19 20
⑪ ① ⑧ ⑮ ⑳ ⑰ ⑫ ③ ⑬ ⑦　⑱ ④ ⑩ ⑲ ⑯ ⑥ ② ⑭ ⑤ ⑨

口語編 6

次の文は比較的短い口語表現です。空所に適語を入れてみましょう。

1. いまちょっと手放せない用事があるのですが。
   I'm sorry, but I'm busy just (　　　).
2. すみません，いま急いでいるのですが。
   I'm sorry, but I'm in a (　　　).
3. 有頂天だ。　I'm walking on (　　　).
4. 本気で言っているのです。　I (　　　) it.
5. 聞いてますよ。　I'm all (　　　).
6. 私はとても不器用なんです。　I'm all (　　　).
7. どうか今邪魔しないでくれ。　I'm (　　　).
8. 好みがうるさいんです。　I'm (　　　).
9. 私はそれで結構です。　I'm (　　　).
10. ～にやみつきだ。　I'm hooked (　　　) ～.
11. 行ってきます。　I'm (　　　).
12. 話を続けてください。　I'm (　　　).
13. まだ言い終わっていません。　I'm not finished (　　　) you.
14. それは気の毒だ。　I'm sorry to (　　　) that.
15. 私は本当のことを言っています。　I (　　　) you!
16. 何だかあやしい。　It sounds (　　　) to me.
17. 言わなければよかった。　I spoke (　　　) of turn.
18. もうやけくそだ。　It's all or (　　　).
19. ちんぷんかんぷんだ。　It's (　　　) to me.
20. もうがまんできない。　It's the last (　　　).

① fishy　② ears　③ off　④ choosy　⑤ with　⑥ Greek　⑦ busy　⑧ promise　⑨ air　⑩ thumbs　⑪ nothing　⑫ hurry　⑬ easy　⑭ now　⑮ out　⑯ hear　⑰ on　⑱ straw　⑲ listening　⑳ mean

〈口語編5の答〉 1 2 3 4 5 6 7 8 9 10　11 12 13 14 15 16 17 18 19 20
⑧ ⑭ ⑱ ⑩ ⑥ ⑮ ⑲ ② ① ⑤　⑰ ⑨ ⑪ ⑳ ⑫ ④ ⑬ ⑦ ⑯ ③

口語編 7

次の文は比較的短い口語表現です。空所に適語を入れてみましょう。

1. 話がうますぎるよ。　It's too good to be (　　　).
2. すべてはあなた次第です。　It's (　　　) to you.
3. あなたにぴったりです。　It's (　　　).
4. きみの番だよ。　It's your (　　　).
5. 万事うまく行ってます。　It couldn't be (　　　).
6. のどまで出かかっているのですが。
　　It's on the (　　　) of my tongue.
7. 難しすぎてわかりません。　It's (　　　) my head.
8. そんなことをするならどうなっても責任は自分で持ちなさい。
　　It's your (　　　).
9. あなたの気持ちはよくわかります。　I've been (　　　).
10. 行かなくては。　I've got to (　　　).
11. 体の具合が良くなりました。　I've been under the (　　　).
12. つい口がすべってしまったよ。　It was a (　　　) of the tongue.
13. なんとかなるよ。　It'll work (　　　).
14. そんなことが起こるとは信じられない。　I wouldn't count on (　　　).
15. こっちも状況は同じです。　Join the (　　　)！
16. 考えてもみなさい。　Just (　　　) of it!
17. 幸運を祈りましょう。　Keep your fingers (　　　).
18. 私の行く手を邪魔しないでくれ。　Keep out of my (　　　).
19. くじけるな。　Keep your (　　　) up.
20. 怒らず我慢しなさい。ちょっと待ちなさい。
　　Keep your shirt (　　　)！

① crossed　② turn　③ chin　④ weather　⑤ out　⑥ on　⑦ it　⑧ run
⑨ true　⑩ think　⑪ there　⑫ funeral　⑬ you　⑭ slip　⑮ club　⑯ up
⑰ way　⑱ tip　⑲ better　⑳ over

〈口語編 6 の答〉　1 2 3 4 5 6 7 8 9 10　11 12 13 14 15 16 17 18 19 20
　　　　　　　　⑭ ⑫ ⑨ ⑳ ② ⑩ ⑦ ④ ⑬ ⑰　③ ⑲ ⑤ ⑯ ⑧ ① ⑮ ⑪ ⑥ ⑱

口語編 8

次の文は比較的短い口語表現です。空所に適語を入れてみましょう。

1. のんびりとやっていて。 Kick (　　　).
2. うまくいきますように。 Knock on (　　　).
3. ズル休みしよう。 Let's play (　　　).
4. まいったな。(何か聞かれた時に何も答えられないような場合)
   You've got (　　　).
5. 久しぶり。 Long time (　　　) see.
6. そうだなあ。 Let me (　　　).
7. 今日はこれでおしまいにしましょう。 Let's call it a (　　　).
8. 出たとこ勝負でいこう。 Let's play it by (　　　).
9. なんとか間に合う。なんとか出席する。
   Make (　　　) (to something).
10. (注文などで) 同じものを2つお願いします。 Make it (　　　).
11. たいしたことではない。 No big (　　　).
12. それはそうだろう。 Makes (　　　) (to me).
13. できません。 No can (　　　).
14. つべこべ言わずにやりなさい。 No ifs, ands, or (　　　).
15. おやすいご用です。平気です。 No (　　　).
16. いやだ。絶対だめだ。 No (　　　), José!
17. それは性に合いません。 Not my cup of (　　　).
18. 全く見込みがない。 Not by a long (　　　).
19. 私の意見としてはだめです。 Not in my (　　　).
20. いや，絶対だめだ。 Not on your (　　　)!

① tea ② me ③ life ④ do ⑤ it ⑥ buts ⑦ see ⑧ shot ⑨ back ⑩ deal
⑪ wood ⑫ sense ⑬ way ⑭ no ⑮ ear ⑯ sweat ⑰ hooky ⑱ two ⑲ day
⑳ book

〈口語編7の答〉 1 2 3 4 5 6 7 8 9 10 11 12 13 14 15 16 17 18 19 20
⑨ ⑯ ⑬ ② ⑲ ⑱ ⑳ ⑫ ⑪ ⑧ ④ ⑭ ⑤ ⑦ ⑮ ⑩ ① ⑰ ③ ⑥

口語編 9

次の文は比較的短い口語表現です。空所に適語を入れてみましょう。

1. わかりました。あなたの意見に従いましょう。
   You're the (　　　).
2. それなら話がわかる。そうこなくちゃ。それだよ，それ。
   Now you're (　　　).
3. 立派にやっているね。　Now you're (　　　)！
4. すばらしい。いかす。べらぼうに高い。　Out of (　　　)！
5. 簡単だ。朝飯前だ。　Piece of (　　　).
6. ～によろしくお伝えください。　Say (　　　) to someone.
7. 何て言ったの。なんですって。　Say (　　　)？
8. (飲み物をつぐ時に) いいと言ってくれ。　Say (　　　).
9. 急ぎなさい。もっと早く走れ。　Shake it (　　　)！
10. 今のところうまくいってます。　So far, so (　　　).
11. まあまあです。　So-(　　　).
12. 食事の準備ができてますよ。いつでも食べられますよ。
    Soup's (　　　).
13. まあ，そんなものだ。幾分。多少。ほんの少し。　Sort (　　　).
14. 負け惜しみ言っちゃって。　Sour (　　　).
15. 噂をすれば影。　Speak of the (　　　).
16. わきへ寄ってください。　Step (　　　).
17. いいとも。どうしたしまして。　Sure (　　　).
18. さようなら。気をつけて。　Take (　　　).
19. 自分の言ったことを取り消しなさい。　Take it (　　　)！
20. 信じてよ。　Take my (　　　) for it.

① so　② cake　③ back　④ aside　⑤ talking　⑥ good　⑦ grapes　⑧ on
⑨ when　⑩ doctor　⑪ care　⑫ cooking　⑬ word　⑭ sight　⑮ of　⑯ up
⑰ thing　⑱ hello　⑲ devil　⑳ what

〈口語編8の答〉　1 2 3 4 5 6 7 8 9 10　11 12 13 14 15 16 17 18 19 20
⑨ ⑪ ⑰ ② ⑭ ⑦ ⑲ ⑮ ⑤ ⑱　⑩ ⑫ ④ ⑥ ⑯ ⑬ ① ⑧ ⑳ ③

28

口語編 10

次の文は比較的短い口語表現です。空所に適語を入れてみましょう。

1. それからどうなったの。　Then (　　　)?
2. やった，週末だ。　Thank God it's (　　　) = T.G.I.F.
3. それは事情によります。　That all (　　　).
4. とうとうできた。もうたくさんだ。　That (　　　) it!
5. 思い出しました。　That rings a (　　　).
6. それは見事だ。　That takes the (　　　)!
7. それで結構です。　That will (　　　).
8. まさか。とんでもない。　That'll be the (　　　).
9. それが肝心です。　That's the (　　　) of the game.
10. 仕方がないよ。　That's the (　　　) it goes.
11. それでおしまい。もう決めた。　That's (　　　)!
12. それは正しい。　That's the (　　　).
13. その意気だ。はい，どうぞ。　There you (　　　)!
14. あわてる必要はないですよ。　There's no need to (　　　).
15. その後の話はご存じの通りです。　The rest is (　　　).
16. 早ければ早いほどよい。　The sooner the (　　　).
17. 探していたのはまさにこれだ。　This is (　　　)!
18. (店で) ここで食べますか，それとも持ち帰りですか。
    To (　　　) or to go?
19. 明日があるさ。　Tomorrow is (　　　) day.
20. やってはみたがだめだった。　Try as I (　　　).

① way　② it　③ ticket　④ another　⑤ cake　⑥ history　⑦ may　⑧ go　⑨ Friday
⑩ better　⑪ do　⑫ what　⑬ name　⑭ bell　⑮ that　⑯ depends　⑰ stay　⑱ day
⑲ rush　⑳ does

〈口語編9の答〉　1 2 3 4 5 6 7 8 9 10　11 12 13 14 15 16 17 18 19 20
⑩ ⑤ ⑫ ⑭ ② ⑱ ⑳ ⑨ ⑯ ⑥　① ⑧ ⑮ ⑦ ⑲ ④ ⑰ ⑪ ③ ⑬

口語編 11

次の文は比較的短い口語表現です。
空所に適語を入れてみましょう。

1. 使わないとだめになるよ。　Use it or (　　　) it.
2. 危ないから気をつけて。　Watch (　　　)!
3. そんなことは言ってはいけません。口のきき方に気をつけて。
　 Watch your (　　　)!
4. よくがんばりました。　Way to (　　　)!
5. 問題は解決しました。　We're (　　　).
6. 何が起こったのか。何が問題なのか。　What (　　　)!
7. 何だっけ。（名前などが思い出せない場合）　What do you (　　　) it?
8. やあ，こんにちは。　What do you (　　　)?
9. ご機嫌いかがですか。何が起こっているの。　What's (　　　)?
10. 何をいらいらしているの。　What's (　　　) you?
11. どうなっているの。どうかしたの。　What's (　　　) on?
12. （レストランなどで）勘定はいくらだろう。　What's the (　　　)?
13. 最近どうしてる。　What's (　　　)?
14. 彼は何を考えているのだ。　What's he (　　　)?
15. 何をそんなに急いでいるの。　Where's the (　　　)?
16. それは全くとるに足らないことだ。どうでもいいさ。
　 Who (　　　)?
17. こっちに来て一緒に話しませんか。　Would you care to (　　　) us?
18. できるだけ早くに。　Yesterday wouldn't be too (　　　).
19. 君は私の神経にさわるよ。　You're getting (　　　) my nerves.
20. 自業自得だ。　You asked (　　　) it.

① cooking　② go　③ soon　④ gives　⑤ going　⑥ for　⑦ tongue　⑧ cares　⑨ lose
⑩ damage　⑪ set　⑫ say　⑬ fire　⑭ eating　⑮ call　⑯ out　⑰ up　⑱ after
⑲ on　⑳ join

〈口語編10の答〉　1 2 3 4 5 6 7 8 9 10　11 12 13 14 15 16 17 18 19 20
　　　　　　　　⑫ ⑨ ⑯ ⑳ ⑭ ⑤ ⑪ ⑱ ⑬ ①　⑮ ③ ⑧ ⑲ ⑥ ⑩ ② ⑰ ④ ⑦

30

口語編 12

次の文は比較的短い口語表現です。
空所に適語を入れてみましょう。

1. 全くその通り。　You can say that (　　　)！
2. 最高だ。　You can't beat (　　　)．
3. それ冗談でしょう。まさか本気で言ったんじゃないでしょうね。
   You can't (　　　) that!
4. そのとおり。　You got (　　　)．
5. ちょっとわかりません。　You got me (　　　)．
6. あなたの言ったことは大変意味があります。　You said a (　　　)．
7. まったくその通りです。　You (　　　) it!
8. さすがですね。　You're on a winning (　　　)．
9. 痛い目にあうよ。　You'll (　　　) for this.
10. よーしやりましょう。　You're (　　　)！
11. そんなことは百も承知だ。　You're telling (　　　)．

① it　② mouthful　③ on　④ mean　⑤ streak　⑥ again　⑦ that　⑧ said
⑨ pay　⑩ me　⑪ there

〈口語編11の答〉　1 2 3 4 5 6 7 8 9 10　11 12 13 14 15 16 17 18 19 20
⑨ ⑯ ⑦ ② ⑪ ④ ⑮ ⑫ ① ⑭　⑤ ⑩ ⑰ ⑱ ⑬ ⑧ ⑳ ③ ⑲ ⑥

口語編 13　次の文は比較的短い口語表現です。空所に適語を入れてみましょう。

1. 彼はその方法を完全にマスターしている。
   He has mastered the method from A to (　　　).
2. 彼はその学会にたくさんの人が来ているのを見てぎょっとした。
   He was taken (　　　) at the many people in the conference.
3. 彼にはどこかに取っておきの切り札があるにちがいない。
   He must have an (　　　) up his sleeve somewhere.
4. 年相応に振る舞いなさい。　You should act your (　　　).
5. 彼はいつも気取っている。　He is always putting on (　　　).
6. 彼はひどく疲れた様子だった。　He looked all (　　　).
7. 英語はまさにお手の物である。　English is right up my (　　　).
8. 彼は彼女を待って一日中そわそわしていた。
   He had ants in his (　　　) all the day waiting for her.
9. 今日はパーティに顔を出さないといけない。
   I have to (　　　) in an appearance at a party.
10. 彼は世の中のことについて経験豊富である。
    He has been (　　　).
11. 公園を散歩したら食欲が湧いてきた。
    The walk through the park whetted my (　　　).
12. 彼は私を見捨てた。　He turned his (　　　) on me.
13. 彼みたいに野球ができたらどんなにいいことだろう。
    I'd give my right (　　　) to be able to play baseball like him.
14. 彼は私たちを身動きできない状態にした。
    He has got us over a (　　　).
15. 彼は道を誤ったことに気がついた。
    He found he was off the (　　　).
16. ばかばかしい話もいいとこだ。　Talk about being full of (　　　)!
17. 私のコンピュータは調子が悪い。　My computer is on the (　　　).
18. ギャンブルに取りつかれてはいけませんよ。
    Don't let gamble get in your (　　　).
19. あの男とは絶対結婚させない。
    You will marry that guy over my dead (　　　)!

20. 彼は陰口をたたくことなど何とも思っていない。
    He makes no (　　　) about backbiting.

① back　② in　③ age　④ blink　⑤ beam　⑥ around　⑦ barrel　⑧ appetite
⑨ ace　⑩ beans　⑪ Z　⑫ put　⑬ alley　⑭ blood　⑮ arm　⑯ pants　⑰ bones
⑱ airs　⑲ aback　⑳ body

〈口語編12の答〉　1 2 3 4 5 6 7 8 9 10 11
⑥⑦④①⑪②⑧⑤⑨③　⑩

口語編 14
次の文はよく使われる口語表現です。空所に適語を入れてみましょう。

1. 彼は大酒を飲み始めた。
   He began to hit the (　　　).
2. 警察は必ずこの問題の原因を突き止められると思う。
   I'm sure the police can get to the (　　　) of this problem.
3. 彼はギャンブルのことしか頭にない。
   He has got gamble on the (　　　).
4. あの男にはいくら言っても無駄だよ。
   Don't waste your (　　　) talking to that guy.
5. 彼は私をものの見事に騙した。
   He took me in like a (　　　) of bricks.
6. 彼らはほろ酔い気分になっている。
   They have had a (　　　) on.
7. 彼は知識は豊かであるが、がさつな人間だ。
   Though he has abundant knowledge, he is a (　　　) in a china shop.
8. 私たちの店のアップルパイは飛ぶように売れる。
   Our shop's apple pie sells like hot (　　　).
9. 歌の下手なことといったら、ベンの右に出るものはいない。
   As a poor singer, Ben takes the (　　　).
10. もう無理をする体力がないことはわかっています。
    I know I no longer have the energy to (　　　) the candle at both ends.
11. 我々はそのチームの足下にも及ばない。
    We can't hold a (　　　) to the team.
12. 従業員を熱心に働かせたかったら飴と鞭の両方を使うべきだ。
    You should use both the carrot and the (　　　) for workers to work energetically.
13. 私の父はその男とつき合っていることを知って烈火のごとく怒った。
    My father hit the (　　　) when he found I associated with that guy.
14. 彼はマリーと結婚するつもりだって。まさか。
    He is going to marry Mary. Fat (　　　)!
15. 残念ですが今日はパーティに出られません。また今度にして下さい。
    I'm sorry I can't attend your party today. I'll have to take a rain (　　　).

16. 彼は慌てふためいてあちこち走り回った。
    He ran around like a chicken with its head (　　　) off.
17. 歩くのが遅いなあ。急がないと電車に乗り遅れるよ。
    You are slow as (　　　). Hurry up, or you'll miss the train.
18. 彼は競馬ですってんてんになってしまった。
    He got taken to the (　　　) in a horse race.
19. 彼はコネを使ってのし上がっていると言われている。
    He is said to be a social (　　　).
20. 彼は消えた株式証券の件で疑いの目で見られている。
    He is under a (　　　) because of a missing certificate of stock.

① cake　② Christmas　③ candle　④ brain　⑤ cut　⑥ climber　⑦ ton
⑧ cleaners　⑨ bottle　⑩ chance　⑪ cloud　⑫ bottom　⑬ stick　⑭ bull　⑮ cakes
⑯ breath　⑰ burn　⑱ ceiling　⑲ check　⑳ buzz

〈口語編13の答〉　1 2 3 4 5 6 7 8 9 10　11 12 13 14 15 16 17 18 19 20
　　　　　　　　⑪ ⑲ ⑨ ③ ⑱ ② ⑬ ⑯ ⑫ ⑥　⑧ ① ⑮ ⑦ ⑤ ⑩ ④ ⑭ ⑳ ⑰

35

口語編 15

次の文はよく使われる口語表現です。空所に適語を入れてみましょう。

1. 彼はこの町では一番の大物だ。
   He is the (　　　) of the walk in this town.
2. あの男のことを考えると、いつもかっかする。
   Every time I think of that guy, I get hot under the (　　　).
3. ものの見事に成功したよ。
   I came through with flying (　　　).
4. 彼は早合点して保険の契約を結んでしまった。
   He jumped to (　　　) and signed the insurance contract.
5. 彼らは警察が来るといっせいにずらかった。
   When the police came, they flew the (　　　).
6. マリーは年下の男とつき合っている。
   Mary is robbing the (　　　).
7. 彼は危機的状況にあっても落ち着きはらっていた。
   Though he was in a state of crisis, he was as cool as a (　　　).
8. 彼は即席でしゃべるのが得意だ。
   He is good at speaking off the (　　　).
9. 彼は強がりを言っているだけだ。
   He is just whistling in the (　　　).
10. まさかそんなことありっこない。
    That'll be the (　　　)!
11. 彼はベンの奥さんに下心があるようだ。
    He appears to have (　　　) on Ben's wife.
12. 彼はほとほと困り果ててしまった。
    He was caught between the (　　　) and the deep blue sea.
13. 彼は意地悪なやつだ。
    He is a (　　　) in the manger.
14. ベンは彼女との関係がまずいことになっている。
    Ben is in the (　　　) with his girl friend.
15. 彼は会社を首になり落ちぶれてしまった。
    He was fired by the company and went to the (　　　).
16. その男は完全に死んでいるようだ。
    The guy is dead as a door (　　　).

17. その先生は彼の遅刻を厳しく戒めた。
    The teacher gave him a ( ) down for being late.
18. ベンはポーカーが根っから好きである。
    Ben takes to poker like a ( ) to water.
19. その画家の絵はもう売れない商品になっていた。
    The pictures of the painter had become a ( ) on the market.
20. 彼はうんざりするほど長々と話をしますよ。
    He will bend your ( ) till it falls off.

① coop ② nail ③ colors ④ ear ⑤ day ⑥ dark ⑦ dogs ⑧ cock ⑨ cradle ⑩ devil ⑪ designs ⑫ collar ⑬ drug ⑭ cucumber ⑮ duck ⑯ doghouse ⑰ cuff ⑱ conclusions ⑲ dog ⑳ dressing

〈口語編14の答〉 1 2 3 4 5 6 7 8 9 10 11 12 13 14 15 16 17 18 19 20
⑨⑫④⑯⑦⑳⑭⑮①⑰ ③⑬⑱⑩⑲⑤②⑧⑥⑪

口語編 16　次の文はよく使われる口語表現です。空所に適語を入れてみましょう。

1. 株で儲けるには情報に気を配っておかなければならない。
   You have to keep an ear to the (　　　) to make money in the stock market.
2. 彼らはその抗議に全く耳を貸さなかった。
   They turned a deaf (　　　) to the protest.
3. 私を現実に戻してくれてありがとう。
   I thank you for bringing me (　　　) to earth.
4. 私は自分の財布を2時間捜してやっと机の中にあるのを突き止めた。
   I looked for my purse for two hours and ran it to (　　　) in my desk.
5. 彼は私に手加減しない。　He doesn't go (　　　) on me.
6. 彼は自分の友達をそそのかして指輪を買わせようとした。
   He egged his friend (　　　) to buy the ring.
7. 君は上流階級の人とつきあっているそうじゃないか。
   I hear you rub (　　　) with a social elite.
8. 私は彼にはもう我慢がならない。
   I'm at the (　　　) of my tether with him.
9. 彼は新たな事業の失敗で前後の見境をなくしてしまった。
   The failure of a new enterprise went off the (　　　) end.
10. 私は彼が新しい家を買ったのを聞いてひどくうらやましかった。
    I was (　　　) with envy when I heard he bought a new house.
11. 彼は酔っぱらうといつも恥さらしなまねをする。
    Every time he gets drunk, he makes an (　　　) of himself.
12. 彼は私の評判を悪くした。　He gave me a (　　　) eye.
13. 彼らはその汚職に関して見て見ぬふりをした。
    They turn a blind (　　　) to the official corruption.
14. 食べられもしないのに欲張ってすみません。
    I'm sorry that my eyes were bigger than my (　　　).
15. 彼はずっと彼女に色目を使っている。
    He has been making (　　　) at her.
16. その会社の社長になれたらどんなにいいことだろう。
    I would give my (　　　) for the president of the company.

17. 彼は見事に失敗してしまった。　He fell (　　　) on his face.
18. 彼が歌っている時は笑いを押さえて真顔でいることができない。
    When he is singing a song, I can't keep a straight (　　　).
19. その先生は学生に口を酸っぱくして話していた。
    The teacher was talking to the student till he was (　　　) in the face.
20. 彼はものの見事にその話にひっかかった。
    He fell for the story like a ton of (　　　).

① earth　② eyeteeth　③ bricks　④ deep　⑤ on　⑥ blue　⑦ flat　⑧ black
⑨ down　⑩ eyes　⑪ ear　⑫ face　⑬ elbows　⑭ green　⑮ ground　⑯ end
⑰ easy　⑱ stomach　⑲ exhibition　⑳ eye

〈口語編15の答〉　1 2 3 4 5 6 7 8 9 10　11 12 13 14 15 16 17 18 19 20
　　　　　　　　⑧ ⑫ ③ ⑱ ① ⑨ ⑭ ⑰ ⑥ ⑤　⑪ ⑩ ⑲ ⑯ ⑦ ② ⑳ ⑮ ⑬ ④

口語編 17　次の文はよく使われる口語表現です。空所に適語を入れてみましょう。

1. 彼はその女性にいい加減な気持ちで接した。
   He played (　　　) and loose with the woman.
2. その先生はその学生たちにえこひいきする。
   The teacher plays (　　　) with the students.
3. 彼が彼女と結婚すると聞いたとき，卒倒しそうになった。
   When I heard that he would marry her, you could have knocked me over with a (　　　).
4. 20キロ歩いたらもうくたくたに疲れてしまった。
   After walking 20 kilometers, I was (　　　) on my feet.
5. 彼らは彼女の助力で首尾良く窮地を脱した。
   They landed on their (　　　) with her help.
6. その先生は彼を立ち直らせた。
   The teacher put him (　　　) on his feet.
7. 彼は自分の妻の脇役に回ることを苦にしていない。
   He doesn't mind playing second (　　　) to his wife.
8. 私は彼にお節介を焼いて痛い目にあった。
   I (　　　) my fingers trying to meddle with him.
9. 彼は自分の会社の規則をないがしろにしている。
   He snaps his (　　　) at the regulation of his company.
10. 昇給は彼のやる気を出させた。
    The pay raise built a (　　　) under him.
11. 彼は今日は他にやることがあると言っている。
    He says he has other (　　　) to fry.
12. 彼の失敗でその仕事はめちゃくちゃになってしまった。
    The work turned out to be a pretty (　　　) of fish because of his failure.
13. 彼女は彼を冷たい目で見た。　She gave him the (　　　).
14. 彼は自分の失敗で相当な非難を浴びた。
    He caught a lot of (　　　) on his failure.
15. 彼は疲れて午前中ずっとぐっすり眠っていた。
    He was flaked (　　　) all morning.
16. 彼はなかなか抜け目がない。　He is nobody's (　　　).

17. 彼は出だしでつまずいてしまった。　He got off on the (　　　) foot.
18. 私は新しいスーツを着てできるだけ好印象を与えようとした。
    I tried to put my best (　　　) forward by wearing a new suit.
19. 彼はうっかりしてへまなことを言ってしまった。
    He put his foot in his (　　　).
20. 彼女は君の有能なアシスタントだ。
    She is a girl (　　　) of yours.

① fire ② wrong ③ dead ④ back ⑤ Friday ⑥ foot ⑦ fingers ⑧ out
⑨ favorites ⑩ fisheye ⑪ kettle ⑫ feet ⑬ mouth ⑭ fast ⑮ burned
⑯ fiddle ⑰ feather ⑱ flak ⑲ fish ⑳ fool

〈口語編16の答〉　1 2 3 4 5 6 7 8 9 10　11 12 13 14 15 16 17 18 19 20
⑮ ⑪ ⑨ ① ⑰ ⑤ ⑬ ⑯ ④ ⑭　⑲ ⑧ ⑳ ⑱ ⑩ ② ⑦ ⑫ ⑥ ③

口語編 18

次の文はよく使われる口語表現です。
空所に適語を入れてみましょう。

1. 彼らは頭が完全にいかれている。
   They are nutty as (　　　).
2. 私たちは昨日非常に楽しい時を過ごした。
   We had more fun than a (　　　) of monkeys.
3. 私の上司はとても怒りっぽい。
   My boss has a short (　　　).
4. 彼はあてのならない友人だ。
   He is a (　　　)-weather friend.
5. 彼は狡猾だ。
   He is sly as a (　　　).
6. 彼は厚かましくも私の陰口をたたいた。
   He had the (　　　) to talk about me behind my back.
7. 彼は彼女の手の内がわかっていた。
   He was onto her (　　　).
8. 急がないと。
   We've got to (　　　) on the gas.
9. 彼は横領がばれてその会社からほうり出された。
   The company gave him the (　　　) because his taking the company's money came to light.
10. 誰かがやるさ。
    Let (　　　) do it.
11. 彼女は彼に仕返しをした。
    She got (　　　) at him.
12. 私たちは船酔いで青ざめていた。
    We were all (　　　) around the gills because of seasickness.
13. 彼女はいったん口論を始めると負けていない。
    When she gets into a quarrel, she can give as (　　　) as she gets.
14. 彼女とつき合いたいと思ってもだめだよ。
    If you go out with her, it's (　　　) go.
15. 用をたしたいんだ。
    I've got to (　　　).

16. 私は彼の横柄な態度にいらいらした。
    I got my (　　　) with his lofty air.
17. 間に合ううちにここから出た方がいいよ。
    We'd better get out of here while the (　　　) is good.
18. 彼はいつもさぼっている。
    He is always goofing (　　　).
19. 彼の失敗は会社での自分の存在感をだめにしてしまった。
    His failure in the company cooked his (　　　).
20. 彼はその会社で成功しようと心に決めた。
    He was determined to make the (　　　) in the company.

① fuse　② going　③ fox　④ green　⑤ George　⑥ goat　⑦ step　⑧ game
⑨ grade　⑩ barrel　⑪ gate　⑫ off　⑬ fruitcake　⑭ fair　⑮ go　⑯ good
⑰ no　⑱ gall　⑲ back　⑳ goose

〈口語編17の答〉　1 2 3 4 5 6 7 8 9 10　11 12 13 14 15 16 17 18 19 20
　　　　　　　　⑭⑨⑰③⑫④⑯⑮⑦①　⑲⑪⑩⑱⑧⑳②⑥⑬⑤

43

口語編 19

次の文はよく使われる口語表現です。空所に適語を入れてみましょう。

1. わかりきったことを言うな。
   Don't teach your grandmother how to suck (　　　)!
2. そのスーツは私の好みに合っている。
   The suit suits me down to the (　　　).
3. 私はハードロックがだんだん好きになった。
   Hard rock grew (　　　) me.
4. それは私にもわかりません。
   Your guess is as (　　　) as mine.
5. 彼らは愚にもつかぬおしゃべりをしていた。
   They were beating their (　　　).
6. 体調はすこぶるいいよ。
   I'm still going great (　　　).
7. あの荷物をここへ持ってくるのに大変な苦労をしたよ。
   I busted a (　　　) bringing that baggage.
8. あの会社は危ない橋を渡っている。
   That company is walking a (　　　).
9. 彼はタバコをきっぱりとやめてしまった。
   He has (　　　) the smoking habit.
10. その光景にはぞっとした。
    The scene curled my (　　　).
11. 私の邪魔をしないで。
    Please, (　　　) out of my hair.
12. 彼はその彫像を競売に出した。
    He put the statue under the (　　　).
13. 彼らは猛烈な勢いでハンバーガーを食べている。
    They are going at eating hamburgers hammer and (　　　).
14. その子供たちは手に負えない。
    The children (　　　) out of hand.
15. 彼は私の手助けをしてくれた。
    He gave me a (　　　).
16. 彼女はすべての男を手なずけている。
    She has all the men eating (　　　) of her hand.

17. 彼はいつも自分ひとりの力でやる人です。
    He is the man to (　　　) a lone hand.
18. 彼の助力で我々の立場はもっと強くなった。
    His help (　　　) our hand.
19. 彼はいつもめったやたらに怒り出します。
    He always flies (　　　) the handle.
20. その会社は多額の負債を抱えている。
    The company has a large amount of debt on its (　　　).

① play ② kicked ③ hand ④ good ⑤ off ⑥ hammer ⑦ hair ⑧ out
⑨ tightrope ⑩ get ⑪ gut ⑫ gums ⑬ hands ⑭ tongs ⑮ stay ⑯ eggs
⑰ on ⑱ strengthened ⑲ ground ⑳ guns

〈口語編18の答〉 1 2 3 4 5 6 7 8 9 10　11 12 13 14 15 16 17 18 19 20
⑬ ⑩ ① ⑭ ③ ⑱ ⑧ ⑦ ⑪ ⑤　⑲ ④ ⑯ ⑰ ⑮ ⑥ ② ⑫ ⑳ ⑨

45

口語編 20
次の文はよく使われる口語表現です。
空所に適語を入れてみましょう。

1. もし彼が君の側につくなら安心だよ。
   If he takes your side, you are in good (　　　).
2. 彼は彼らの思うつぼにはまった。
   He played (　　　) their hands.
3. 彼はマフィアと手を切った。
   He (　　　) his hands of the Mafia.
4. 彼らは野球の試合で楽勝した。
   They won the baseball game hands (　　　).
5. 彼らの音楽はもう時代遅れだ。
   Their music is old (　　　).
6. 彼らは私に恨みを持っている。
   They have it (　　　) for me.
7. 彼はその議論に決着をつけた。
   He had it (　　　) with the argument.
8. 彼は自分が無理なことをしていると悟った。
   He realized that he was beating his head (　　　) a brick wall.
9. この文章の内容はちんぷんかんぷんだ。
   I can't make head or (　　　) of this sentence.
10. 彼は現実に目をつぶって我々と話し合いをしない。
    He buries his head in the (　　　) and doesn't discuss a matter with us.
11. 彼はその試合に勝ってうぬぼれてしまっている。
    His winning in the game turned his (　　　).
12. 彼はどうしてもその新車が欲しかった。
    He had his (　　　) set on the new car.
13. 私は何が何でもその新型車を買うつもりだ。
    I'm going to buy the new car come hell or high (　　　).
14. 彼は妻にののしられてかんかんに怒った。
    He got mad as a wet (　　　) when he was violently abused by his wife.
15. 彼女は自分の子供を置き去りにして家を出ていった。
    She left her house leaving her children high and (　　　).
16. 彼には思いつきでしゃべる癖がある。
    He has a habit of shooting from the (　　　).

46

17. それでは話は全く別だ。
    That's a (　　　) of another color.
18. 私は上司からつらい思いをさせられている。
    My boss has been making things (　　　) for me.
19. 彼の息子は家も財産も食いつぶしてしまった。
    His son ate him out of house and (　　　).
20. 彼の下手な言い訳は彼女には通用しなかった。
    His clumsy excuse cut no (　　　) with her.

① hot　② sand　③ against　④ dry　⑤ down　⑥ heart　⑦ water　⑧ ice　⑨ out
⑩ washed　⑪ hip　⑫ into　⑬ horse　⑭ head　⑮ hat　⑯ hands　⑰ home
⑱ in　⑲ hen　⑳ tail

〈口語編19の答〉　1 2 3 4 5 6 7 8 9 10　11 12 13 14 15 16 17 18 19 20
　　　　　　　　⑯ ⑲ ⑰ ④ ⑫ ⑳ ⑪ ⑨ ② ⑦　⑮ ⑥ ⑭ ⑩ ③ ⑧ ① ⑱ ⑤ ⑬

47

口語編 21

次の文はよく使われる口語表現です。
空所に適語を入れてみましょう。

1. 彼は昨晩狂ったように飲み続けた。
   He went on a drinking (　　　) last night.
2. 彼は警察と面倒なことになっている。
   He is in a (　　　) with the police.
3. もう終わりだ。 The jig is (　　　).
4. 彼はいつも務めを怠っている。
   He is always lying (　　　) on the job.
5. 彼らは自分たちが一触即発の危機にさらされていることに気がつかなかった。
   They didn't realize that they were sitting on a powder (　　　).
6. まったく新しい観点の話を聞いて，目から鱗が落ちる思いをした。
   When I heard it explained from a different point of view, it was like the (　　　) fell from my eyes.
7. 彼はそのパーティで酔っていい気分になっていた。
   He was high as a (　　　) at the party.
8. 彼らと私は話が合う。 They and I speak the same (　　　).
9. 子供たちは遠足に行くということでうきうきしていた。
   The children were as happy as a (　　　) with making an excursion.
10. 遅くてもしないよりはましだ。 Better late than (　　　).
11. あの会社は過去の業績の上にあぐらをかいている。
    The company rests on its (　　　).
12. 彼は心を入れ換えて自分の悪い習慣を改めた。
    He turned over a new (　　　) and changed his bad habits.
13. そんなにうるさく言うなよ。 Stop (　　　) on me.
14. その先生は学生たちを自由にさせない。
    The teacher keeps his students on a short (　　　).
15. 彼はうまい話を言って人をかつぐ。
    He pulls someone's (　　　) with saying clever things.
16. 彼らは海外旅行から帰ってきた時，ダウン寸前であった。
    When they got from their overseas travel, they are on their last (　　　).
17. 彼はいつもつきに恵まれている。
    He always leads a charmed (　　　).

18. 彼は貧乏なためみじめな生活を送った。
    He led a (　　　) life because of his poverty.
19. 彼の嘘はいつもぼろが出てしまう。
    His lies never stand the (　　　) of day.
20. 彼は完全に気を失った。
    He was (　　　) like a light.

① up　② dog's　③ keg　④ out　⑤ leaf　⑥ lark　⑦ legs　⑧ kite　⑨ leaning
⑩ light　⑪ never　⑫ leash　⑬ language　⑭ life　⑮ down　⑯ leg　⑰ laurels
⑱ jag　⑲ scales　⑳ jam

〈口語編20の答〉　1 2 3 4 5 6 7 8 9 10　11 12 13 14 15 16 17 18 19 20
　　　　　　　　⑯ ⑫ ⑩ ⑤ ⑮ ⑱ ⑨ ③ ⑳ ②　⑭ ⑥ ⑦ ⑲ ④ ⑪ ⑬ ① ⑰ ⑧

49

口語編 22 次の文はよく使われる口語表現です。空所に適語を入れてみましょう。

1. 私は自ら墓穴を掘って危うい立場になった。
   I dug my own grave and went out on a (　　　).
2. 彼は商談でうまいことを言った。
   He handed me a (　　　) about a business.
3. その先生は私たちにやるべきことはきちんとやらせる。
   The teacher makes us (　　　) the line.
4. 彼は頭がどうかしている。
   He is out to (　　　).
5. 彼女は彼の侮辱を甘んじて受けた。
   She took his insults lying (　　　).
6. 彼らは私を大歓迎してくれた。
   They put out the welcome (　　　) for me.
7. 私の心のよりどころは自分の娘だけだ。
   My daughter is only my meat and (　　　).
8. 彼は私にも同じ目にあわせた。
   He gave me a taste of his own (　　　).
9. 彼の病気は快方に向かっている。
   His illness is on the (　　　).
10. 彼は妻のなすがままになっている。
    He is at the (　　　) of his wife.
11. その先生は本分以上のことをした。
    The teacher went the extra (　　　).
12. 彼はお金があり余っている。
    He has money to (　　　).
13. 彼は麻薬中毒である。
    He has a (　　　) on his back.
14. 彼は父親から叱られてしょげている。
    He is down in the (　　　) because his father scolded him.
15. 彼は自分で招いた罰を甘んじて受けた。
    He faced the (　　　).
16. 彼は私の悪口を言った。
    He called me (　　　).

17. 彼の計画は水の泡となった。
　　His plan came to (　　　).
18. 彼は彼女をそこに連れて行くのに四苦八苦した。
　　He broke his (　　　) taking her to there.
19. 敢えて危険を冒してはいけません。
　　Don't stick your neck (　　　)!
20. 今回は勘に頼るしかないよ。
　　You have to follow your (　　　) this time.

① mend　② down　③ naught　④ drink　⑤ music　⑥ nose　⑦ mouth　⑧ launch
⑨ monkey　⑩ neck　⑪ burn　⑫ names　⑬ medicine　⑭ mat　⑮ toe　⑯ mercy
⑰ limb　⑱ out　⑲ mile　⑳ line

〈口語編21の答〉　1 2 3 4 5 6 7 8 9 10　11 12 13 14 15 16 17 18 19 20
　　　　　　　　⑱ ⑳ ① ⑮ ③ ⑲ ⑧ ⑬ ⑥ ⑪　⑰ ⑤ ⑨ ⑫ ⑯ ⑦ ⑭ ② ⑩ ④

口語編 23   次の文はよく使われる口語表現です。空所に適語を入れてみましょう。

1. 彼は仕事を休まずこつこつやった。
   He kept his nose to the (　　　).
2. 彼は妻の忠告をないがしろにした。
   He thumbed his (　　　) at his wife's advice.
3. 彼は厄介な人間だ。
   He is a tough (　　　) to crack.
4. 彼はすぐ気を悪くする。
   He is quick to take (　　　).
5. 彼は若い頃よく派手に遊んだものだった。
   He used to sow his wild (　　　) when he was young.
6. 彼らはもめごとを収めるためにここにいるのです。
   They are here to pour (　　　) on troubled waters.
7. 彼らは今仲違いしています。
   They are on the (　　　) now.
8. 彼は自分の利益だけを大切にする人です。
   He is a man to look out for (　　　) one.
9. あいつは煩わしいやつだ。
   That guy is a (　　　) in the neck.
10. 彼は主導権を握っているのは自分だと言った。
    He said, "I wear the (　　　) in the family."
11. 彼は昨日会社を首になった。
    He was given his walking (　　　) yesterday.
12. 彼は現実を知らずにのんきに暮らしている。
    He is living in a fool's (　　　).
13. それではおおよそのことがわかりません。
    It doesn't put me in the ball (　　　).
14. 彼らは私をだまして信じこませた。
    They led me up the garden (　　　).
15. 私は彼の鼻っ柱をへし折ってやりたい。
    I want to take him down a (　　　).
16. 先生というのは楽ではない。
    Being a teacher is no (　　　).

52

17. 彼は私にせめてもの慰めとして100ドルくれた。
    He gave me $100 to sugar the (　　　).
18. 彼女はいつも上司のご機嫌とりをしている。
    She is always playing (　　　) to her boss.
19. 彼は私を褒めると見せかけて実際はけなした。
    He damned me with (　　　) praise.
20. 君は言動に注意すべきだ。
    You should mind your p's and (　　　).

① up　② picnic　③ offense　④ pain　⑤ outs　⑥ paradise　⑦ papers　⑧ path
⑨ pants　⑩ nut　⑪ faint　⑫ oats　⑬ peg　⑭ nose　⑮ number　⑯ park
⑰ pill　⑱ grindstone　⑲ oil　⑳ q's

〈口語編22の答〉　1 2 3 4 5 6 7 8 9 10　11 12 13 14 15 16 17 18 19 20
⑰ ⑳ ⑮ ⑧ ② ⑭ ④ ⑬ ① ⑯　⑲ ⑪ ⑨ ⑦ ⑤ ⑫ ③ ⑩ ⑱ ⑥

口語編 24

次の文はよく使われる口語表現です。
空所に適語を入れてみましょう。

1. 一杯食わされたな。　You put one (　　　) on me.
2. ご飯は腹もちがいい。　Rice sticks to my (　　　).
3. 彼は私を裏切った。　He sold me down the (　　　).
4. 彼は頭がどうかしている。　He has (　　　) in his head.
5. 言い逃れはやめなさい。　Don't give me the (　　　).
6. 彼は善良な人だ。　He is the (　　　) of the earth.
7. 君の先生は君が嘘をついたのでかんかんに怒っているよ。
   Your teacher is out for your (　　　) because you told a lie.
8. 人の前で騒ぎ立てないように。
   Don't make a (　　　).
9. 私は彼女に少し恨みがある。
   I've got a few scores to (　　　) with her.
10. 彼は最初からやる気満々である。
    He is full of motivation from (　　　).
11. 彼は頭がどうかしている。　He has a screw (　　　).
12. 仕事に就いて最初の1週間は全く五里霧中だった.
    During my first month in my new job, I was completely at (　　　).
13. 彼は自分の上司の下につくのを嫌がっている。
    He will not take a back (　　　) to his boss.
14. 彼はその大学を卒業するのに6年かかった。
    It took him six years to get his (　　　).
15. 彼の上司は役に立つ人と立たない人をえり分けた。
    His boss separated the sheep from the (　　　).
16. 彼は彼女に会うやいなや一目で気に入ってしまった。
    As soon as he met her, he took a (　　　) to her.
17. そのパーティが終わるころには私はもうふらふらだった。
    By the time the party broke up, I was three sheets to the (　　　).
18. 昔は彼が私の上司だったが，今ではその逆になっている。
    He was my boss, but the shoe is on the other (　　　) now.
19. 私は失業中なので今細々と暮らしている。
    I'm living on (　　　) because of being out of work now.

20. 彼らの息子の成功は家族の刺激剤となった。
The success of their son gave their family a (　　　) in the arm.

① ribs　② shine　③ shot　④ goats　⑤ settle　⑥ rocks　⑦ sea　⑧ river
⑨ shoestring　⑩ scene　⑪ over　⑫ salt　⑬ foot　⑭ runaround　⑮ scratch
⑯ sheepskin　⑰ wind　⑱ scalp　⑲ seat　⑳ loose

〈口語編23の答〉　1 2 3 4 5 6 7 8 9 10　11 12 13 14 15 16 17 18 19 20
⑱ ⑭ ⑩ ③ ⑫ ⑲ ⑤ ⑮ ④ ⑨　⑦ ⑥ ⑯ ⑧ ⑬ ②　⑰ ① ⑪ ⑳

口語編 25

次の文はよく使われる口語表現です。空所に適語を入れてみましょう。

1. 私たちは本腰を入れてその仕事を終わらせた。
   We put our shoulders to the (　　　) and finished the work.
2. 彼は自分の家ではすべて仕切っている。
   He runs all the (　　　) in his house.
3. 泥棒たちは彼の家財を何もかも持ち去ってしまった。
   Thieves carried away everything but the kitchen (　　　) in his house.
4. 思いがけず私は古い友人にその駅で会った。
   I met my old friend at the station out of a clear blue (　　　).
5. つい口が滑ってしまいました。
   It was a (　　　) of the tongue.
6. こんな蒸し暑い日にはビールがもってこいだ。
   Beer hits the (　　　) on a muggy day.
7. 彼女の詰問は私を進退窮まらせた。
   Her grilling put me (　　　) the spot.
8. 貸し借りなしとしよう。 Let's call it (　　　).
9. 彼はその契約をとろうとあらゆる手段を尽くした。
   He left no (　　　) unturned in trying to win the contract.
10. 今度ばかりは我慢できない。 This is the last (　　　).
11. 彼は自分の不運を平然と受け止めた。
    He took his misfortune in his (　　　).
12. 彼らはお互いのぼせ上がっている。
    They are (　　　) on each other.
13. 彼はいつも株の動向を把握している。
    He always keeps (　　　) on the stock market.
14. 契約条件について具体的検討に入りましょう。
    Let's get down to brass (　　　) concerning the conditions of a contract.
15. 彼は妻と喧嘩して犬に八つ当たりした。
    He had a quarrel with his wife and took it (　　　) on his dog.
16. 彼は内輪の秘密を漏らしたとして上司から叱られた。
    He was scolded for telling tales out of (　　　).
17. 彼を説得するのはすごく骨が折れる。
    Talking him into compliance is like pulling hen's (　　　).

18. 彼は自分の意見を私に押しつけようとした。
    He tried to ram his opinion down my (　　　).
19. 私は彼に声をかけてみたが，彼は見向きもしなかった。
    When I tried talking to him, he didn't give me the (　　　) of day.
20. 彼は私をたたいたのでそのお返しをしてやった。
    He hit me, so I gave him tit for (　　　).

① sky ② school ③ square ④ tat ⑤ stone ⑥ stuck ⑦ on ⑧ throat
⑨ stride ⑩ sink ⑪ out ⑫ wheel ⑬ spot ⑭ show ⑮ tacks ⑯ time
⑰ slip ⑱ straw ⑲ tabs ⑳ teeth

〈口語編24の答〉 1 2 3 4 5 6 7 8 9 10　11 12 13 14 15 16 17 18 19 20
⑪ ① ⑧ ⑥ ⑭ ⑫ ⑱ ⑩ ⑤ ⑮　⑳ ⑦ ⑲ ⑯ ④ ② ⑰ ⑬ ⑨ ③

口語編 26
次の文はよく使われる口語表現です。空所に適語を入れてみましょう。

1. 彼は試合中は常に油断しないでいる。
   He is always on his (　　　) during a game.
2. 口のきき方をわきまえなさい。
   Keep a civil (　　　) in your head.
3. 彼はいつも思いつきでしゃべる。
   He is always talking off the (　　　) of his head.
4. あなたは見当違いをしていますよ。
   You are barking up the (　　　) tree.
5. 彼は酔っぱらって上機嫌になっている。
   He is lit up like a Christmas (　　　).
6. これでおあいこだ。 Turnabout is fair (　　　).
7. 出過ぎたことを言ってすみません。
   I'm sorry I spoke out of (　　　).
8. 彼は非常に飲み込みが早い。
   He is quick on the (　　　).
9. 彼の企画は立ち消えになった。
   His planning withered on the (　　　).
10. 今度彼が嘘をついたらひどい目にあわせてやる。
    If he tells a lie again, I'll (　　　) his wagon.
11. 彼は今禁酒中です。 He is on the (　　　) now.
12. 彼の奥さんは彼がまた嘘をついたのでかんかんに怒っている。
    His wife is on the (　　　) because he told a lie.
13. 我々の計画は彼の失敗によって水をさされた。
    His failure threw cold (　　　) on our planning.
14. 彼らは他人のどさくさにつけ込んでうまいことをしようとする。
    They like to (　　　) in troubled waters.
15. 私は今朝から体の具合が悪い。
    I've been under the (　　　) since this morning.
16. その先生は私が宿題を忘れたので大目玉を食らわせた。
    The teacher gave me what (　　　) because I forget to do my homework.

17. 先生たちは学生が授業をさぼるのを注意してやめさせた。
    The teachers blew the (　　　) on students' cutting class.
18. 彼はつまらない話で私をたぶらかそうとした。
    He tried to pull the (　　　) over my eyes with his absurd story.
19. 彼は妻と離婚して以来落ち目になっている。
    He has come down in the (　　　) since he divorced his wife.
20. 彼らは10年前はもてはやされていた。
    They had the world at their (　　　) ten years ago.

① warpath ② wrong ③ vine ④ weather ⑤ feet ⑥ tree ⑦ wagon ⑧ for
⑨ tongue ⑩ turn ⑪ wool ⑫ water ⑬ top ⑭ uptake ⑮ toes ⑯ fish
⑰ world ⑱ play ⑲ fix ⑳ whistle

口語編 27

次の文はよく使われる口語表現です。空所に適語を入れてみましょう。

1. 彼は放埒な生活を送った。
   He lived in the fast (　　　　).
2. 上司がいないからといって手を抜かないように。
   Don't start cutting (　　　　) just because your boss isn't around.
3. 彼は誰でもべた褒めする。
   He lays it on (　　　　) with everybody.
4. 藪から棒に何を言い出すの。
   What are you bringing that up out of the (　　　　) for?
5. 彼らはスタンドプレーをするのが好きだった。
   They liked to make (　　　　) plays.
6. 人の弱みにつけ込むようなことはやめなさい。
   Stop preying (　　　　) people's weaknesses.
7. 私は今ヨーロッパ式の生活にかぶれている。
   I am (　　　　) on the European way of life.
8. ここの夜景はニューヨークの夜景に比べたら月とスッポンだよ。
   This night view and New York's are as different as night and (　　　　).
9. その野球の面白さといったら、思わず我を忘れるほどだった。
   That ball game is so interesting I just lose (　　　　) in it.
10. 私は八方手を尽くして自分の犬を探した。
    I searched high and (　　　　) for my dog.
11. この問題は私の手に余ります。
    This problem is too much for me to (　　　　).
12. 株に手を出すのは虎の尾を踏むようなものだ。
    You'd better stay away from the stock market. It's like grabbing (　　　　) of a lion's tail.
13. いい政治家になるには場数を踏まなければならない。
    You have to get a lot of practical (　　　　) to be a good statesman.
14. 彼はいつも何でも知ったかぶりをする。
    He always pretends to know all the (　　　　).
15. 私は猫の手も借りたいぐらい忙しい。
    I'm busy enough to make my head (　　　　).

16. ものは考えようだ。
    It depends on (　　　) you look at it.
17. 彼はおとなしくしていると思っていたが，ついに本性を現した。
    He'd been quiet and hard to read, but then his true (　　　) suddenly showed through.
18. 彼らは思っていることははっきりと言う。
    They come right (　　　) with their thoughts.
19. ローンをたくさん抱えて，ボーナスをもらっても焼け石に水だ。
    I've got so many loans to pay off that when my bonus comes through it's just a (　　　) in the bucket.
20. 彼は石橋をたたいて渡るような人です。
    He is a man to look before he (　　　).

① low　② how　③ answers　④ corners　⑤ experience　⑥ out　⑦ blue
⑧ colors　⑨ thick　⑩ myself　⑪ on　⑫ drop　⑬ lane　⑭ day　⑮ leaps
⑯ spin　⑰ big　⑱ grandstand　⑲ handle　⑳ hold

〈口語編26の答〉　1 2 3 4 5 6 7 8 9 10　11 12 13 14 15 16 17 18 19 20
⑮ ⑨ ⑬ ② ⑥ ⑱ ⑩ ⑭ ③ ⑲　⑦ ① ⑫ ⑯ ④ ⑧ ⑳ ⑪ ⑰ ⑤

口語編 28

次の文はよく使われる口語表現です。
空所に適語を入れてみましょう。

1. 彼にはもうこれ以上恥の上塗りになるようなことはしないでほしい。
   I want him not to pile (　　　) on top of shame.
2. 私は飲み過ぎてろれつが回らなくなった。
   I began to slur my (　　　) because of drinking too much.
3. 彼は私を槍玉にあげた。
   He singled me (　　　) for criticism.
4. 私は大学を卒業していないので彼らに鼻であしらわれた。
   Because I don't graduate from a university, they wouldn't give me the (　　　) of day.
5. もし失敗したら元も子もない．
   If this fails, we stand to (　　　) everything.
6. 理屈をこねるなんてみっともないぞ。
   It's a disgrace to twist (　　　) that way.
7. 彼は手に余る仕事をしようとする。
   He bites more than he can (　　　).
8. かわいい孫のために私がひと肌脱ぎましょう。
   I want to do (　　　) for my adorable grandchild.
9. 彼はほめられるとすぐ図に乗る。
   He lets praise go to his (　　　) when he's praised.
10. 彼はものにならない。
    He is amount to (　　　).
11. 今更そんなことを言えば，火に油を注ぐことになるだけだ。
    If you come out and say that kind of thing now, you'll just be pouring oil on the (　　　).
12. 良薬は口に苦しだ。
    It's a bitter pill to (　　　).
13. 私は彼を出世させるため全力を尽くした。
    I went (　　　) out to make him succeed in life.
14. 彼らは日本の伝統的な着物には目もくれない。
    They have no (　　　) whatsoever for traditional Japanese kimono.
15. 勝負は時の運だ。
    Victory is a matter of (　　　).

16. この事件は政権内腐敗の氷山の一角に過ぎない。
    This incident is just the (　　) of the iceberg as far as the decline of government is concerned.
17. そりゃ虫がよすぎる．
    That's asking too (　　).
18. 彼はこの会社で権力を握っている。
    He is in the (　　) in this company.
19. 彼が彼女をからかいすぎたので，彼女はへそを曲げてしまった。
    He gave her such a hard time that she got all bent out of (　　) about it.
20. 彼はここで下積みをした。
    He was at the (　　) of the totem pole around here.

① all　② nothing　③ time　④ tip　⑤ regard　⑥ something　⑦ saddle　⑧ fire　⑨ out　⑩ fortune　⑪ bottom　⑫ shame　⑬ logic　⑭ swallow　⑮ much　⑯ words　⑰ chew　⑱ lose　⑲ shape　⑳ head

〈口語編27の答〉 1 2 3 4 5 6 7 8 9 10　11 12 13 14 15 16 17 18 19 20
⑬ ④ ⑨ ⑦ ⑱ ⑪ ⑰ ⑭ ⑩ ①　⑲ ⑳ ⑤ ③ ⑯ ② ⑧ ⑥ ⑫ ⑮

口語編 29
次の文はよく使われる口語表現です。空所に適語を入れてみましょう。

1. 彼は私などの及ぶところではない。　He is out of my (　　　).
2. 彼はうっかり口が滑ってしまった。　He blurted things (　　　).
3. 真剣勝負でいこう。　We've got no second (　　　).
4. 減らず口をたたくのはやめなさい。
   Stop arguing for argument's (　　　).
5. 彼は会社で昇進して左うちわだ。
   He can sit back and take it (　　　) because of his promotion in his company.
6. その絵は目の保養になる。　The picture is a (　　　) for sore eyes.
7. 彼は我々には奥の手があると言った。
   He said, "We still have an (　　　) in the hole."
8. うそばっかりついていると、いつかボロが出るよ。
   If you keep telling lies all the time, you'll eventually give yourself (　　　).
9. 彼は目の上のたんこぶだ。　He is a constant (　　　).
10. 彼はその会議で一人相撲をとった。　He battled (　　　) at the meeting.
11. もう手遅れだ。　The damage is (　　　).
12. 決着が付いてから文句を言っても、負け犬の遠吠えにしか聞こえないよ。
    You're just wasting your (　　　), complaining after a decision has already been made.
13. 彼は仕事を終えるため追い込みにかかっている。
    He is making a final (　　　) to finish his work.
14. 彼は非難を難なく切り抜けたように見えた。
    He appeared to take the criticism in his (　　　).
15. 彼の上司は彼の企画に太鼓判を押した。
    His boss put his (　　　) of approval on his project.
16. きみの忠告はいつも耳が痛いよ。
    You always (　　　) me with your advice.
17. 腕によりをかけて作った自慢の料理よ。
    I put all my (　　　) to work in making this meal.
18. 彼はその契約を白紙に戻した。
    He took the contract back to the drawing (　　　).

19. コンサートばかり行って耳が肥えてしまった。
    I must be developing an (　　　) for music from going to so many concerts.
20. 彼はその宝石を買わせようとして彼女を口車に乗せた。
    He did a snow (　　　) on her to buy the jewel.
21. 彼は本当に顔が広い。　He really has a large (　　　) of friends.
22. 彼は最初からその企画の音頭を取った。
    He called the (　　　) in drawing up the project from scratch.
23. もうそのニュースを知っているなんて耳が早いね。
    You have pretty quick (　　　) to have already heard the news.
24. 彼は会社の言いなりになって伝票を操作した。
    He was at the company's (　　　) and call and falsified the slips.
25. 彼らは口裏を合わせて法廷で嘘の証言をした。
    They made a secret (　　　) and testified falsely before a court.
26. 彼らはぶらぶらしながら無駄話をしていた。
    They were hanging (　　　) chatting away.
27. あいつの顔を見るだけで虫酸が走る。
    The mere sight of his face makes my skin (　　　).
28. 彼の努力は無駄になった。　His efforts went down the (　　　).
29. 彼はどこか虫の居所が悪かった。
    He seemed to be in one of his (　　　).
30. 政府は彼らの批判の矢面に立っている。
    The government is bearing the (　　　) of their criticism.
31. このコンピュータ，すぐに動かなくなったよ。店員に一杯くわされた。
    This computer stopped working almost immediately. I got taken for a (　　　) by the store clerk.
32. その企画は期待していたものとは程遠かった。
    The project was a far (　　　) from what we had expected.

① seal　② done　③ moods　④ shame　⑤ circle　⑥ cry　⑦ out　⑧ breath
⑨ board　⑩ sake　⑪ tune　⑫ drain　⑬ away　⑭ stride　⑮ ace　⑯ ride
⑰ chance　⑱ ears　⑲ windmills　⑳ crawl　㉑ league　㉒ around　㉓ sight
㉔ arrangement　㉕ easy　㉖ skills　㉗ push　㉘ brunt　㉙ obstacle　㉚ ear
㉛ job　㉜ beck

〈口語編29の答〉

1	2	3	4	5	6	7	8	9	10	11	12	13	14	15	16	17	18	19	20	21	22	23	24	25	26	27	28	29	30	31	32
㉑	⑦	⑰	⑩	㉕	㉓	⑮	⑬	㉙	⑲	②	⑧	㉗	⑭	①	④	㉖	⑨	㉚	㉛	⑤	⑪	⑱	㉜	㉔	㉒	⑳	⑫	③	㉘	⑯	⑥

熟語編

熟語編 1

次の文は熟語に関する口語表現です。空所に適語を入れてみましょう。

1. 彼の小説は一時的な成功に終わった。
   His novel proved to be a (　　) in the pan.
2. 彼はその時平謝りするしかなかった。
   He could do nothing but eat humble (　　).
3. 彼はよく調べもせずその鞄を買い，がっかりした。
   The bag he bought turned out to be a (　　) in a poke.
4. 彼はいつも場をしらけさせる人だ。　He is a wet (　　).
5. 私は手強い相手に立ち向かおうと決心した。
   I decided to beard the (　　) in his den.
6. 彼は空涙を流した。　He wept (　　) tears.
7. ライバルチームのキャプテンは私たちに挑戦してきた。
   The captain of our rival team threw down the (　　).
8. 彼はそんなに簡単に信じないぞと言った。
   He said, "I'm from (　　)."
9. 彼の両親は彼にやぶ蛇をつついて出すなとアドバイスした。
   His parents advised him to let sleeping (　　) lie.
10. 彼は腹に一物があるように見える。
    He seems to have an (　　) to grind.
11. 彼はうっかりして秘密を漏らしてしまった。　He spilled the (　　).
12. その選手は最初からおじけづいていた。
    The player had cold (　　) from the start.
13. 贈られたものにけちをつけるな。
    Don't look a gift (　　) in the mouth.
14. 費用を受け持つものに支配権がある。
    He who pays the (　　) calls the tune.
15. 彼は遅れたことで叱られた。
    He was called on the (　　) for being late.
16. その札の配り手は手の内を見せた。　The dealer showed his (　　).
17. 彼も若気の道楽をやったものだ。　He has sown his wild (　　).
18. 彼はいつも自分の感情をあらわに出す。
    He always wears his heart on his (　　).

19. 内輪の恥を外にさらけ出してはいけません。
    Don't wash your dirty (　　　) in public.
20. 今日は小春日和ですね。
    It is an Indian (　　　) today, isn't it?

① Missouri　② hand　③ blanket　④ carpet　⑤ feet　⑥ ax　⑦ dogs　⑧ summer　⑨ horse　⑩ gauntlet　⑪ lion　⑫ oats　⑬ pig　⑭ beans　⑮ linen　⑯ flash　⑰ crocodile　⑱ sleeve　⑲ pie　⑳ piper

69

熟語編 2

次の文は熟語に関する口語表現です。
空所に適語を入れてみましょう。

1. 彼は分け前の一番いいところを要求した。
   He demanded the lion's (　　　) of the profits.
2. 一難去ってまた一難の事態になった。
   I jumped out of the frying (　　　) into the fire.
3. 彼らは和睦をすることに決めた。
   They decided to bury the (　　　).
4. 彼は人のお株を奪うのが得意だ。
   He is good at stealing one's (　　　).
5. 彼は堅苦しい雰囲気をほぐした。　He broke the (　　　).
6. 彼らは苛酷な条件下で仕事を強いられた。
   They were forced to make bricks without (　　　).
7. 彼はいつも本末転倒なことをする。
   He always puts the (　　　) before the horse.
8. 我々のチームは形勢を逆転した。　Our team turned the (　　　).
9. それは私の性に合いません。　It goes against the (　　　) with me.
10. 彼はこの会社の内部事情に明るい。
    He knows the (　　　) in this company.
11. 彼は自分が不利な立場にあることがわかっていた。
    He found that he was (　　　) the eight ball.
12. 彼女はその家でいいかげんな仕事をした。
    She gave the house a lick and a (　　　).
13. 彼はその時からかい半分で話した。
    He spoke with his (　　　) in his cheek then.
14. 私には目的を達成する他の手段がある。
    I have two strings to my (　　　).
15. 彼はもう取り返しがつかないと言った。
    He said that the (　　　) was already in the fire.
16. 彼女の話をすると彼はすぐに怒る。
    When we talk about her, he always gets his (　　　) up.
17. 彼は病気のため生活費を稼ぐことができない。
    He cannot bring home the (　　　) because of his illness.
18. 彼はいつも威張っている。　He always gets on his high (　　　).

19. それは五十歩百歩だ。 It is as (　　　) as it is long.
20. アメリカは経済的に沈滞していた。
　　America was in the economic (　　　).

① promise ② bacon ③ fat ④ doldrums ⑤ pan ⑥ ice ⑦ popes ⑧ grain
⑨ back ⑩ broad ⑪ straw ⑫ hatchet ⑬ tables ⑭ tongue ⑮ thunder
⑯ bow ⑰ share ⑱ cart ⑲ behind ⑳ horse

〈熟語編 1 の答〉 1 2 3 4 5 6 7 8 9 10　11 12 13 14 15 16 17 18 19 20
　　　　　　　　⑯ ⑲ ⑬ ③ ⑪ ⑰ ⑩ ① ⑦ ⑥　⑭ ⑤ ⑨ ⑳ ④ ② ⑫ ⑱ ⑮ ⑧

熟語編 3

次の文は熟語に関する口語表現です。
空所に適語を入れてみましょう。

1. 私は今日夜遅くまで勉強しなければなりません。
   I have to burn the midnight (　　　　).
2. くだらぬことをやかましく言ってはいけません。
   Don't split (　　　　).
3. 鉄は熱いうちに打て。
   Strike while the iron is (　　　　).
4. 彼はめったに外食はしない。　He eats out once in a blue (　　　　).
5. 我々は戦う用意ができている。　We are loaded for (　　　　).
6. 彼らは満場の大かっさいを浴びた。
   They brought down the (　　　　).
7. この会社では自分の役割を十分に果たすべきだと彼はいつも言ってます。
   He always says that everyone in this company has to pull his own (　　　　).
8. 彼は持てあましものだとみんなが言ってます。
   Everyone says that he is a white (　　　　).
9. 彼は自分の息子を自慢の種にしている。
   He thinks that his son is a (　　　　) in his cap.
10. 私は危ない橋は渡りたくない。
    I don't want to go (　　　　) on a limb.
11. 彼は突然走り出しました。
    He began to run on the spur of the (　　　　).
12. これはすばらしい本だが，誤植が多いことだけが玉にきずだ。
    This is an excellent book, but the only (　　　　) in the ointment is that there are rather too many misprints.
13. 彼は無断で退席した。　He took French (　　　　).
14. 下品な言葉を使ってすみません。　Pardon my (　　　　).
15. 彼らは次々と苦境に追い込まれた。
    They were driven from pillar to (　　　　).
16. すべては神の命ずるままである。
    All is in the (　　　　) of the gods.
17. 彼は会議中うたた寝をしていた。
    He caught forty (　　　　) during the meeting.

18. 彼女は私に2週間以上よそよそしくした。
    She gave me the (　　) shoulder over two weeks.
19. 彼は仕事をよくさぼったので解雇された。
    He got the (　　) because he was caught loafing on the job.
20. 芸術家はよく現実離れしていると言われる。
    Many artists are often said to live in an ivory (　　).

① out ② lap ③ house ④ cold ⑤ moment ⑥ hot ⑦ elephant ⑧ winks
⑨ bear ⑩ feather ⑪ tower ⑫ moon ⑬ fly ⑭ sack ⑮ post ⑯ hairs
⑰ leave ⑱ French ⑲ oil ⑳ weight

〈熟語編2の答〉　1 2 3 4 5 6 7 8 9 10　11 12 13 14 15 16 17 18 19 20
　　　　　　　　⑰⑤⑫⑮⑥⑪⑱⑬⑧⑦　⑲①⑭⑯③⑨②⑳⑩④

熟語編 4
次の文は熟語に関する口語表現です。空所に適語を入れてみましょう。

1. 彼らが私腹を肥やすことばかり考えているなんてとても許せない。
   It is unforgivable that they think only of feathering their (　　　).
2. 彼らは優勢な側へ乗り換えた。　They got on the (　　　).
3. 図星だ。　You hit the (　　　) on the head.
4. 私は家庭教師の指導を受けることになった。
   I was taken under a tutor's (　　　).
5. あの議論では私はお手上げだった。
   I was beyond my (　　　) in that argument.
6. 彼は彼の父の例に倣った。
   He took a (　　　) from his father's book.
7. 彼らは転居を余儀なくされた。
   They were forced to pull up (　　　).
8. 彼らは彼を納得させるためあらゆる手段を尽くした。
   They left no (　　　) unturned to convince him.
9. あの男はどこまでも強情を張って誤りを通そうとした。
   He kept a stiff upper (　　　) to admit his mistake.
10. その裁判官は犯罪者を厳しく罰した。
    The judge threw the (　　　) at the criminal.
11. 彼は褒められて有頂天だった。
    He was in seventh (　　　) when he was praised.
12. 彼は窮乏を我慢しなければならないことがわかっていた。
    He knew he would have to tighten his (　　　).
13. 彼の考えはいつも常道をはずれている。
    His idea is always (　　　) the beaten track.
14. 彼らは彼が不適任者だったので解雇した。
    They fired him because he was a square (　　　) in a round hole.
15. 彼らは突然計画を覆した。　They suddenly upset the apple (　　　).
16. 彼は今日は虫の居所が悪いと言っていた。
    He said that he got up on the wrong side of the (　　　).
17. 彼女はいろいろな空想にふけるのが好きだといっていた。
    She said that she liked to build (　　　) in the air.

18. 我々はいかなる状況においても現状を維持しなければならない。
    Whatever happens, we have to maintain the status (　　　).
19. どんなことがあろうとも君を援助しよう。
    We'll stand by you through thick and (　　　).
20. その歌手はたちまち観客を心酔させた。
    The singer took the audience by (　　　) in a flash.

① stone　② bed　③ nail　④ thin　⑤ heaven　⑥ lip　⑦ leaf　⑧ storm　⑨ belt
⑩ qua　⑪ book　⑫ nest　⑬ wing　⑭ peg　⑮ depth　⑯ bandwagon　⑰ cart
⑱ stakes　⑲ castles　⑳ off

〈熟語編3の答〉　1 2 3 4 5 6 7 8 9 10　11 12 13 14 15 16 17 18 19 20
　　　　　　　　⑲ ⑯ ⑥ ⑫ ⑨ ③ ⑳ ⑦ ⑩ ①　⑤ ⑬ ⑰ ⑱ ⑮ ② ⑧ ④ ⑭ ⑪

熟語編 5

次の文は熟語に関する口語表現です。
空所に適語を入れてみましょう。

1．彼はその会議で非常に元気だった。
   He was in fine (　　　) in the meeting.
2．彼は彼女と話している間は無上の幸福を感じる。
   He lives in a fool's (　　　) while he is talking with her.
3．手足がしびれています。　I'm on pins and (　　　) now.
4．彼は全材料を手元に用意している。
   He has the (　　　) at his fingertips.
5．これは困ったことになった。
   This is a pretty (　　　) of fish.
6．その計画は手詰まりに終わった。
   The plan resulted in a (　　　) alley.
7．彼は彼の妻を意のままに操っている。
   He has her wife twisted around his (　　　).
8．このようにあなたとお話しできることは私の大なる慶びです。
   It does my (　　　) good to talk with you like this.
9．彼はその取引でうまくやってのけた。
   He made the best of a bad (　　　) on that transaction.
10．私の少ない給料ではうまくやっていけません。
    I cannot make ends (　　　) on my small salary.
11．彼はもう負けるとわかったので手の内を見せた。
    He found that he was to be lost and laid his (　　　) on the table.
12．その発表は全く寝耳に水だった。
    The announcement came like a (　　　) from the blue.
13．彼は家族の秘密を外に漏らした。
    He told (　　　) out of school about his family.
14．その立案は不安定なものだった。
    The planning was build upon (　　　).
15．彼は無事に到着した。　He arrived safe and (　　　).
16．彼は疑惑の中で辞職した。
    He resigned under a (　　　).
17．その役員は済んだことを蒸し返した。
    The official flogged a dead (　　　).

18. さいは投げられた。 The die is (　　　).
19. その小説家は容赦なく批評された。
　　The novelist was criticized straight from the (　　　).
20. 彼は弱気になって立候補の発表をやめてしまった。
　　He drew in his (　　　) and gave up announcing his candidacy.

① kettle　② cloud　③ heart　④ sand　⑤ shoulder　⑥ finger　⑦ subject
⑧ horse　⑨ meet　⑩ needles　⑪ sound　⑫ paradise　⑬ blind　⑭ cards
⑮ cast　⑯ fettle　⑰ tales　⑱ bolt　⑲ horns　⑳ bargain

〈熟語編4の答〉　1 2 3 4 5 6 7 8 9 10　11 12 13 14 15 16 17 18 19 20
　　　　　　　　⑫ ⑯ ③ ⑬ ⑮ ⑦ ⑱ ① ⑥ ⑪　⑤ ⑨ ⑳ ⑭ ⑰ ② ⑲ ⑩ ④ ⑧

熟語編 6

次の文は熟語に関する口語表現です。
空所に適語を入れてみましょう。

1. 彼はその計画に水をさした。　He threw cold (　　　) on the plan.
2. 歌手の生活は決して楽なものではない。
   The life of a singer is no bed of (　　　).
3. 彼は秘密をばらした。
   He let the (　　　) out of the bag.
4. 寝た子を起こすな。　Let sleeping dogs (　　　).
5. 彼はその時落ち着きがなかった。
   He was as (　　　) as a bear.
6. 私は朝は機嫌が悪いです。
   I'm a (　　　) in the morning.
7. 彼らは贅沢三昧の暮らしをしている。
   They are eating high on the (　　　).
8. この教会は以前，政治犯をかくまう聖域であった。
   This church used to be sacred (　　　) for political offenders.
9. そのコンピュータをいじくるのはやめてください。
   Don't (　　　) with the computer.
10. 私の父は頑固です。　My father is as stubborn as a (　　　).
11. 私の息子はとてもおとなしい。　My son is gentle as a (　　　).
12. 彼はとても強情なので一緒に暮らすのは大変です。
    He is so (　　　) that it's hard to live with him.
13. 彼女は小食です。　She eats like a (　　　).
14. きっぱりとものを言いなさい。　Talk cold (　　　).
15. 彼はアルコール中毒にかかっている。　He has (　　　) in his boots.
16. 私はその学会で場違いの人間に思われた。
    I was like a (　　　) out of water at the conference.
17. 彼はいつも大変忙しいです。　He is always busy as a (　　　).
18. 彼と会うと胸がどきどきします。
    When I meet him, I have butterflies in my (　　　).
19. 遠回しにものを言うのはやめなさい。
    Stop beating around the (　　　).
20. 彼は彼女の空涙に騙された。
    He was taken in by her crocodile (　　　).

① cat ② stomach ③ restless ④ mule ⑤ monkey ⑥ fish ⑦ bird ⑧ bush
⑨ pigheaded ⑩ hog ⑪ tears ⑫ roses ⑬ snakes ⑭ cows ⑮ lie ⑯ bee
⑰ lamb ⑱ turkey ⑲ bear ⑳ water

〈熟語編5の答〉 1 2 3 4 5 6 7 8 9 10　11 12 13 14 15 16 17 18 19 20
⑯ ⑫ ⑩ ⑦ ① ⑬ ⑥ ③ ⑳ ⑨　⑭ ⑱ ⑰ ④ ⑪ ② ⑧ ⑮ ⑤ ⑲

熟語編 7

次の文は熟語に関する口語表現です。空所に適語を入れてみましょう。

1. 彼はいつも気取っています。　He is always putting on (　　　).
2. その講師の話は広範囲にわたった。
　　The lecturer covered a lot of (　　　).
3. 体の調子が少し悪いです。　I feel a bit under the (　　　).
4. 限度はありません。　The sky is the (　　　).
5. 私たちが応援したチームは大敗してしまった。
　　The team we rooted for bit the (　　　).
6. 邪魔者は全くいない。　The coast is (　　　).
7. どうしたらよいかまったくわからなくて困ってしまった。
　　I was all at (　　　) about what to do.
8. 私たちの会社はまだ危機を脱していません。
　　Our company isn't out of the (　　　) yet.
9. 彼は昨夜はとりわけカリカリしていた。
　　He was a real bag of (　　　) last night.
10. 彼はあまりにもたくさんの仕事に手を出している。
　　He has many (　　　) in the fire.
11. 彼の奥さんは彼を意のままにしている。
　　His wife has him over a (　　　).
12. 私は数学では君の足下にも及ばない。
　　I can't hold a (　　　) to you in mathematics.
13. ぐずぐずするな。　Get the (　　　) out of your pants!
14. 彼は裕福な家に生まれた。
　　He was born with a silver (　　　) in his mouth.
15. 彼らは私をたぶらかした。
　　They pulled the (　　　) over my eyes.
16. 貧乏くじを引いてしまった。
　　I got the short (　　　) of the stick.
17. 彼女は下心がある。　She has an (　　　) to grind.
18. 彼は死んでしまった。　He kicked the (　　　).
19. 彼らは私が授業を抜け出したことを密告した。
　　They blew the (　　　) on me for skipping classes.
20. 彼は内輪の恥を表に出した。　He aired his family (　　　).

① sea ② bucket ③ skeleton ④ spoon ⑤ weather ⑥ irons ⑦ end
⑧ limit ⑨ candle ⑩ ax ⑪ cats ⑫ ground ⑬ clear ⑭ whistle ⑮ lead
⑯ woods ⑰ airs ⑱ dust ⑲ wool ⑳ barrel

〈熟語編6の答〉 1 2 3 4 5 6 7 8 9 10　11 12 13 14 15 16 17 18 19 20
⑳ ⑫ ① ⑮ ③ ⑲ ⑩ ⑭ ⑤ ④　⑰ ⑨ ⑦ ⑱ ⑬ ⑥ ⑯ ② ⑧ ⑪

熟語編 8

次の文は熟語に関する口語表現です。
空所に適語を入れてみましょう。

1. 彼はその会社の厄介ものだった。
   He was the black (　　　) in the company.
2. 私の息子はかけがえのない存在です。
   My son is the (　　　) of my eye.
3. 彼はその計画について文句を言った。
   He had a (　　　) about the plan.
4. 彼は年上の人にごまをするのが得意だ。
   He is good at (　　　) up older persons.
5. その学生達はえり抜きだ。
   The students are the (　　　) of the crop.
6. その先生たちは面目丸つぶれになった。
   The teachers had (　　　) on their faces.
7. 人生とは所詮そんなものだ。
   That's the way the (　　　) crumbles.
8. 彼は私をペテンにかけた。　He handed me a (　　　).
9. ゴルフは私の好みではない。　Golf is not my cup of (　　　).
10. 彼らはその原案に怒っている。
    They are up in (　　　) about the original plan.
11. 私の息子はまだ未熟だ。
    My son is still (　　　) behind the ears.
12. このような絵画は目の保養になる。
    These pictures are a (　　　) for the eyes.
13. 彼女はひとりの孤児を保護した。
    She took an orphan under her (　　　).
14. この試合は楽勝だ。　We can win this game (　　　) down.
15. 彼はそつがなくしっかりしている。
    He has a good (　　　) on her shoulders.
16. 私の息子は悩みの種だ。
    My son is a real (　　　) in the neck.
17. 今回はおとなしくしていなさい。
    Keep your (　　　) clean this time.

82

18. 私は借金で首が回らない。　I'm up to my （　　　） in debt.
19. 彼はかろうじて入試に合格した。
　　He passed the entrance exam by the （　　　） of her teeth.
20. その歌手は国中を驚かせた。
　　The singer raises （　　　） throughout the country.

① tea　② neck　③ feast　④ beef　⑤ nose　⑥ lemon　⑦ egg　⑧ eyebrows
⑨ wing　⑩ cream　⑪ wet　⑫ pain　⑬ cookie　⑭ buttering　⑮ head
⑯ apple　⑰ hands　⑱ skin　⑲ sheep　⑳ arms

〈熟語編7の答〉　1 2 3 4 5 6 7 8 9 10　11 12 13 14 15 16 17 18 19 20
　　　　　　　⑰⑫⑤⑧⑱⑬①⑯⑪⑥　⑳⑨⑮④⑲⑦⑩②⑭③

83

熟語編 9

次の文は熟語に関する口語表現です。空所に適語を入れてみましょう。

1. そのチームは何とか僅かの差で試合に勝った。
   The team managed to win the game by a (   ).
2. 彼は何不自由なく贅沢な暮らしをしている。
   He lives in the (   ) of luxury.
3. この鮨はよだれが出るほどおいしい。
   This sushi makes my (   ) water.
4. あなたは図太い神経をしているねえ。 You have got a lot of (   ).
5. あなたの態度はひどく目立つよ。
   Your attitude sticks out like a sore (   ).
6. 彼は毒舌だ。 He has a sharp (   ).
7. 警察は彼を現行犯で捕まえた。
   The police caught him (   ).
8. 彼は出しぬけに彼女と結婚すると言った。
   He told me out of the (   ) that he would marry her.
9. とりつくしまもない。 I can't even get to first (   ).
10. これは千載一遇のチャンスだ。 This is a one in a (   ) chance.
11. 彼は名門の生まれだ。 He was born into the (   ).
12. 彼は悪意のない嘘をついている。 He is telling a little (   ) lie.
13. その契約書は不明な点だらけだ。 The contract is full of (   ) areas.
14. 彼は体調がよくなった。 He is back in the (   ).
15. 私は彼らを全く知らない。 I don't know them from (   ).
16. 私の上司は問題を切り出した。 My boss got the (   ) rolling.
17. 私の上司は人使いが荒い。 My boss is a slave (   ).

① pink ② mouth ③ tongue ④ driver ⑤ million ⑥ blue ⑦ red-handed
⑧ gray ⑨ lap ⑩ Adam ⑪ nerve ⑫ base ⑬ white ⑭ hair ⑮ thumb
⑯ purple ⑰ ball

ことわざ編

ことわざ編 1

次の文はことわざに関する表現です。空所に適語を入れてみましょう。

1. 悪事千里を行く。　Bad news travels (　　　).
2. 悪銭身につかず。　Easy come, easy (　　　).
3. 明日は明日の風が吹く。　Tomorrow is another (　　　).
4. 明日の100より今日の50。
　A bird in the (　　) is worth two in the bush.
5. 当たって砕けよ。　Nothing ventured, nothing (　　　).
6. あつものに懲りてなますを吹く。　A burnt child dreads the (　　　).
7. 後の祭り。　It won't do you any (　　　) now.
8. 雨降って地固まる。　After a (　　　) comes the calm.
9. 嵐の前の静けさ。　It's the (　　　) before the storm.
10. 案ずるより産むが易し。　Fear is often worse than the (　　　) itself.
11. 言うは難く行うは易し。　Easier said than (　　　).
12. 石の上にも3年。　Patience wears out (　　　).
13. 急がば廻れ。　Haste makes (　　　).
14. 一難去ってまた一難。　One tough problem after (　　　).
15. 一寸の虫にも五分の魂。　Even a worm will (　　　).
16. 一石二鳥。　To kill two birds with one (　　　).
17. 命あっての物種。　You should be thankful to be (　　　).
18. 井の中の蛙大海を知らず。
　A frog in the well knows (　　) of the great ocean.
19. 魚心あれば水心。　You scratch my (　　　) and I'll scratch yours.
20. 馬の耳に念仏。　It is bad preaching to deaf (　　　).

① another ② calm ③ hand ④ alive ⑤ danger ⑥ stone ⑦ gained
⑧ nothing ⑨ done ⑩ day ⑪ good ⑫ back ⑬ stones ⑭ storm ⑮ fast
⑯ turn ⑰ fire ⑱ waste ⑲ ears ⑳ go

〈熟語編9の答〉　1 2 3 4 5 6 7 8 9 10　11 12 13 14 15 16 17
　　　　　　　　⑭ ⑨ ② ⑪ ⑮ ③ ⑦ ⑥ ⑫ ⑤　⑯ ⑬ ⑧ ① ⑩ ⑰ ④

ことわざ編 2

次の文はことわざに関する表現です。空所に適語を入れてみましょう。

1. 溺れるものはわらをもつかむ。
   A drowning man will catch at a (   ).
2. 終わりよければすべて良し。 All's well that ends (   ).
3. 学問に王道なし。 There is no (   ) road to learning.
4. 蛙の子は蛙。 Like father, like (   ).
5. 勝てば官軍。 Losers are always in the (   ).
6. 壁に耳あり障子に目あり。 The walls have (   ).
7. かわいい子には旅をさせよ。 Spare the (   ) and spoil the child.
8. 窮鼠猫を噛む。 A cornered rat will (   ) the cat.
9. きれいな花にはとげがある。 Every rose has its (   ).
10. 空腹にまずい物なし。 Hunger is the best (   ).
11. 苦は楽の種。 No pain, no (   ).
12. 光陰矢のごとし。 Time (   ).
13. 弘法筆を選ばず。
    A true (   ) can make use of whatever tools come to hand.
14. 郷に入っては郷に従え。 When in Rome, do as the (   ) do.
15. 笑う門には福来たる。 Laugh and grow (   ).
16. 猿も木から落ちる。 Homer sometimes (   ).
17. 去る者は日々に疎し。 Out of sight, out of (   ).
18. 触らぬ神にたたりなし。 Let sleeping dogs (   ).
19. 3人寄れば文殊の知恵。 Two heads are better than (   ).
20. 地獄で仏。 An oasis in the (   ).

① thorn ② wrong ③ lie ④ gain ⑤ well ⑥ rod ⑦ one ⑧ craftsman
⑨ son ⑩ fat ⑪ royal ⑫ Romans ⑬ straw ⑭ ears ⑮ desert ⑯ bite
⑰ sauce ⑱ nods ⑲ flies ⑳ mind

〈ことわざ編1の答〉 1 2 3 4 5 6 7 8 9 10　11 12 13 14 15 16 17 18 19 20
⑮ ⑳ ⑩ ③ ⑦ ⑰ ⑪ ⑭ ② ⑤　⑨ ⑬ ⑱ ① ⑯ ⑥ ④ ⑧ ⑫ ⑲

ことわざ編 3

次の文はことわざに関する表現です。
空所に適語を入れてみましょう。

1. 事実は小説より奇なり。　Fact is (　　　) than fiction.
2. 十人十色。　One man's meat is another man's (　　　).
3. 蛇の道は蛇。　Set a thief to catch a (　　　).
4. 親しき仲にも礼儀あり。
   There's etiquette in even the closest (　　　).
5. 釈迦に説法。　Teach your grandmother to suck (　　　).
6. 朱に交われば赤くなる。　He that toucheth (　　　) shall be defiled.
7. 小人閑居して不善をなす。　Idle hands are the devil's (　　　).
8. 知らぬが仏。　Ignorance is (　　　).
9. 人生七転び八起き。　Life has its ups and (　　　).
10. 精神一到何事か成らざらん。　Where there's a will, there's a (　　　).
11. 善は急げ。　Make (　　　) while the sun shines.
12. 船頭多くして船山に登る。　Too many cooks spoil the (　　　).
13. 千里の道も一歩から。
    A journey of a thousand miles starts with a single (　　　).
14. 損して得取れ。　Sow loss and reap (　　　).
15. 大は小を兼ねる。　The greater includes the (　　　).
16. 蓼食う虫も好きずき。　There is no accounting for (　　　).
17. たとえ火の中，水の中。　Come hell or high (　　　).
18. 卵が先か鶏が先か。　Which came first, the chicken or the (　　　)?
19. 便りのないのは良い便り。　No news is good (　　　).
20. 短気は損気。　Out of temper, out of (　　　).

① hay　② water　③ thief　④ gain　⑤ money　⑥ bliss　⑦ pitch　⑧ egg
⑨ lesser　⑩ way　⑪ workshop　⑫ news　⑬ poison　⑭ eggs　⑮ taste　⑯ stranger
⑰ broth　⑱ friendship　⑲ step　⑳ downs

〈ことわざ編2の答〉　1 2 3 4 5 6 7 8 9 10　11 12 13 14 15 16 17 18 19 20
　　　　　　　　　　⑬ ⑤ ⑪ ⑨ ② ⑭ ⑥ ⑯ ① ⑰　④ ⑲ ⑧ ⑫ ⑩ ⑱ ⑳ ③ ⑦ ⑮

ことわざ編 4

次の文はことわざに関する表現です。
空所に適語を入れてみましょう。

1. 血は争えない。 It's in the (　　　).
2. 血は水よりも濃い。 Blood is (　　　) than water.
3. ちりも積もれば山となる。 Many a little makes a (　　　).
4. 多芸は無芸。 Jack of all (　　　), and master of none.
5. 転石苔むさず。 A rolling stone gathers no (　　　).
6. 灯台下暗し。 It's darkest beneath the (　　　).
7. 時は金なり。 Time is (　　　).
8. 隣の芝生は青い。
    The grass always seems (　　　) on the other side of the fence.
9. とらぬ狸の皮算用。
    Don't count your chickens before they are (　　　).
10. 長いものには巻かれろ。 If you can't beat them, (　　　) them.
11. 為せば成る。 Efforts will always pay (　　　).
12. 覆水盆に返らず。 It is no use crying over spilt (　　　).
13. 名は体を現す。 People's names often show what they are (　　　).
14. 習うより慣れろ。 Practice makes (　　　).
15. 憎まれっ子世にはばかる。 Ill weeds grow (　　　).
16. 二度あることは三度ある。 When it rains, it (　　　).
17. 二兎追う者は一兎も得ず。
    If you chase after two rabbits, you won't catch (　　　).
18. 能ある鷹は爪を隠す。Part of wisdom lies in hiding one's (　　　).
19. 逃がした魚は大きい。 It is the fish you lose that are (　　　).
20. 花より団子。 Pudding rather than (　　　).

① perfect ② trades ③ either ④ hatched ⑤ lamp ⑥ biggest ⑦ milk
⑧ join ⑨ apace ⑩ mickle ⑪ greener ⑫ thicker ⑬ money ⑭ wisdom
⑮ off ⑯ pours ⑰ blood ⑱ moss ⑲ like ⑳ praise

〈ことわざ編3の答〉　1 2 3 4 5 6 7 8 9 10　11 12 13 14 15 16 17 18 19 20
　　　　　　　　　⑯⑬③⑱⑭⑦⑪⑥⑳⑩　①⑰⑲④⑨⑮②⑧⑫⑤

89

ことわざ編 5

次の文はことわざに関する表現です。空所に適語を入れてみましょう。

1. 早起きは三文の得。 The early bird catches the (　　　).
2. 人の噂も七十五日。 A wonder lasts but (　　　) days.
3. 火のない所に煙は立たぬ。 Where there's smoke, there's (　　　).
4. 百聞は一見に如かず。 Seeing is (　　　).
5. 地獄の沙汰も金次第。 Money makes the (　　　) (to) go.
6. 不幸中の幸い。 It could have been much (　　　).
7. 下手な鉄砲も数撃ちゃ当たる。
   Even a poor marksman will hit the bull's-eye if he shoots (　　　) rounds.
8. 骨折り損のくたびれもうけ。 It was so much labor (　　　).
9. 馬子にも衣装。 Fine feathers make fine (　　　).
10. 見ざる言わざる聞かざる。 Hear no evil, see no evil, (　　　) no evil.
11. 三つ子の魂百まで。 The child is (　　　) of the man.
12. 餅は餅屋。 He's the one who knows how to the job (　　　).
13. 問答無用。 Don't waste your (　　　).
14. 安物買いの銭失い。 Penny wise and pound (　　　).
15. 病は気から。 Care killed the (　　　).
16. 弱り目にたたり目。 Misfortunes never come (　　　).
17. 楽あれば苦あり。 There's no pleasure without (　　　).
18. 来年のことを言えば鬼が笑う。
    Heaven only knows what will happen next (　　　).
19. 類は友を呼ぶ。 Birds of a (　　　) flock together.
20. 例外のない規則はない。 There's an exception to every (　　　).
21. 歴史は繰り返す。 History repeats (　　　).
22. ローマは一日にしてならず。 Rome wasn't built (　　　) a day.
23. 論より証拠。 The proof of the pudding is in the (　　　).

① year ② in ③ cat ④ fire ⑤ eating ⑥ father ⑦ single ⑧ itself
⑨ nine ⑩ breath ⑪ mare ⑫ pain ⑬ foolish ⑭ lost ⑮ birds ⑯ believing
⑰ enough ⑱ feather ⑲ worm ⑳ rule ㉑ worse ㉒ right ㉓ speak

〈ことわざ編4の答〉 1 2 3 4 5 6 7 8 9 10　11 12 13 14 15 16 17 18 19 20
⑰ ⑫ ⑩ ② ⑱ ⑤ ⑬ ⑪ ④ ⑧　⑮ ⑦ ⑲ ① ⑨ ⑯ ③ ⑭ ⑥ ⑳

語彙

語彙

次は日常よく使われる単語です。
それぞれ英語で何というのか下から選んでみましょう。

●日用品に関する語彙
1．爪切り（　）　2．練り歯磨き（　）　3．ワイシャツ（　）
4．実印（　）　5．判子（　）　6．洗剤（　）
7．漂白剤（　）　8．ゴミ箱（　）　9．電気掃除機（　）
10．目薬（　）

① garbage can　② nail clipper　③ seal　④ legal seal　⑤ detergent
⑥ bleach　⑦ vacuum cleaner　⑧ dress shirt　⑨ toothpaste　⑩ eyewash

●文房具に関する語彙
1．万年筆（　）　2．ボールペン（　）　3．マジックペン（　）
4．シャープペンシル（　）　5．消しゴム（　）
6．修正液（　）　7．定規（　）　8．ホチキス（　）
9．糊（　）　10．セロテープ（　）

① paste　② mechanical pencil　③ eraser　④ whitewash　⑤ stapler
⑥ cellophane tape　⑦ ruler　⑧ felt marker　⑨ fountain pen
⑩ ballpoint pen

●食品に関する語彙
1．加工食品（　）　2．保存食品（　）　3．ドライフード（　）
4．レトルト食品（　）　5．人工着色料（　）
6．食品保存添加物（　）　7．賞味期限（　）　8．食べ残し（　）
9．外食（　）　10．ドリンク剤（　）

① use-by date　② leftover　③ processed foods　④ dehydrated foods
⑤ artificial coloring agent　⑥ dining out　⑦ preserved foods
⑧ retort pouch foods　⑨ food preservative　⑩ quick-fix drink

●鉄道に関する語彙
1．地下鉄（　）　2．急行列車（　）　3．電車賃（　）
4．片道切符（　）　5．往復切符（　）　6．乗り換え切符（　）
7．乗車口（　）　8．発車ホーム（　）　9．途中下車する（　）
10．乗り換える（　）

① way-in ② train fare ③ stop over ④ subway (tube, underground)
⑤ express ⑥ departure platform ⑦ round-trip ticket ⑧ transfer-ticket
⑨ change trains (transfer) ⑩ one-way ticket

●犯罪に関する語彙（1）
1．犯罪者（ ） 2．被害者（ ） 3．容疑者（ ）
4．目撃者（ ） 5．殺人事件（ ） 6．傷害（ ）
7．強盗（ ） 8．窃盗（ ） 9．恐喝（ ） 10．誘拐（ ）

① injury ② abduction ③ murder case ④ suspect ⑤ criminal
⑥ eyewitness ⑦ theft ⑧ blackmail ⑨ burglary (robbery) ⑩ victim

●犯罪に関する語彙（2）
1．ひったくり（ ） 2．詐欺（ ） 3．万引き（ ）
4．暴行（ ） 5．横領（ ） 6．密輸入（ ） 7．密航者（ ）
8．偽証（ ） 9．放火（ ） 10．青少年犯罪（ ）

① stowaway ② bag-snatching ③ assault ④ embezzlement
⑤ perjury ⑥ swindle (fraud) ⑦ arson ⑧ juvenile delinquency
⑨ shoplifting ⑩ smuggling

●犯罪に関する語彙（3）
1．痴漢（ ） 2．死刑（ ） 3．無期懲役（ ）
4．重罪（ ） 5．殺人罪（ ） 6．執行猶予（ ）
7．前科者（ ） 8．人質（ ） 9．身代金（ ）
10．過失致死罪（ ）

① ex-convict ② molester ③ probation ④ life imprisonment
⑤ capital punishment ⑥ accidental homicide ⑦ felony ⑧ homicide
⑨ ransom ⑩ hostage

● 科学技術に関する語彙
1．集積回路（ ） 2．共鳴（ ） 3．陽極（ ）
4．重力（ ） 5．陰極（ ） 6．交流（ ） 7．直流（ ）
8．絶縁体（ ） 9．電流（ ） 10．放電（ ）

〈ことわざ編5の答〉　1 2 3 4 5 6 7 8 9 10　11 12 13 14 15 16 17 18 19 20　21 22 23
⑲ ⑨ ④ ⑯ ⑪ ㉑ ⑰ ⑭ ⑮ ㉓　⑥ ㉒ ⑩ ⑬ ③ ⑦ ⑫ ① ⑱ ⑳　⑧ ② ⑤

① anode ② direct current ③ resonation ④ alternating current
⑤ electric discharge ⑥ insulator ⑦ electric current ⑧ negative pole
⑨ integrated circuit ⑩ gravity

●化学に関する語彙（1）
1．液体（　）　2．液化（　）　3．化合物（　）　4．還元（　）
5．気化（　）　6．合成（　）　7．混合物（　）　8．酸化（　）
9．酸性（　）　10．昇華（　）

① reduction ② oxidation ③ sublimation ④ mixture ⑤ vaporization
⑥ liquefaction ⑦ compound ⑧ liquid ⑨ acidity ⑩ synthesis

●化学に関する語彙（2）
1．蒸発（　）　2．水溶液（　）　3．中和（　）
4．沈殿（　）　5．濃度（　）　6．飽和（　）　7．融解（　）
8．溶液（　）　9．溶解（　）　10．溶剤（　）

① solution ② precipitation ③ saturation ④ concentration
⑤ evaporation ⑥ dissolution ⑦ solvent ⑧ aqueous solution
⑨ neutralization ⑩ fusion

●電話に関する語彙
1．国番号（　）　2．交換手（　）　3．公衆電話（　）
4．国際電話（　）　5．留守番電話（　）　6．フリーダイアル（　）
7．市外局番（　）　8．市内電話（　）　9．長距離電話（　）
10．内線（　）

① answering machine ② area code ③ country code ④ extension
⑤ international call ⑥ local call ⑦ long distance call ⑧ operator
⑨ pay phone ⑩ toll-free number

●気候に関する語彙（1）
1．湿度（　）　2．気温（　）　3．梅雨（　）　4．台風（　）
5．変わりやすい（　）　6．曇り（　）　7．降水量（　）
8．積雪量（　）　9．雷（　）　10．温度計（　）

① cloudy ② changeable ③ typhoon ④ precipitation ⑤ temperature
⑥ thermometer ⑦ thunder ⑧ rainy season ⑨ humidity ⑩ snowfall

●気候に関する語彙（2）
1．温帯（　）　　2．熱帯（　）　　3．蒸し暑い（　）
4．竜巻（　）　　5．ハリケーン（　）　　6．干ばつ（　）
7．みぞれ（　）　　8．平均気温（　）　　9．雷雨（　）
10．なだれ（　）

① thunderstorm ② hurricane ③ drought ④ avalanche ⑤ sleet
⑥ muggy ⑦ the temperate zone ⑧ tornado ⑨ the tropics
⑩ average temperature

●気候に関する語彙（3）
1．摂氏（　）　　2．華氏（　）　　3．寒波（　）　　4．熱波（　）
5．霧雨（　）　　6．小春日和（　）　　7．かすみ（　）
8．低気圧（　）　　9．高気圧（　）　　10．暴風雨（　）

① mist ② Indian summer ③ heat wave ④ drizzle ⑤ cold wave
⑥ Celsius ⑦ Fahrenheit ⑧ tempest ⑨ depression ⑩ high pressure

●郵便に関する語彙（1）
1．印刷物（　）　　2．消印（　）　　3．小包（　）
4．差出人（　）　　5．受取人（　）　　6．船便（　）
7．郵便受け（　）　　8．同封する（　）　　9．着払いで（　）
10．転送住所（　）

① sender ② addressee ③ surface mail ④ C.O.D.（cash on delivery）
⑤ enclose ⑥ postmark ⑦ mailbox ⑧ parcel ⑨ forwarding address
⑩ printed matter

●郵便に関する語彙（2）
1．航空便（　）　　2．国内郵便（　）　　3．私書箱（　）
4．取り扱い注意（　）　　5．返信料（　）　　6．郵便為替（　）
7．速達（　）　　8．切手（　）　　9．壊れ物（　）
10．〜様方；〜気付け（　）

① stamp ② handle with care ③ money order ④ P.O. Box
⑤ return postage ⑥ domestic mail ⑦ care of; c/o ⑧ special delivery
⑨ airmail ⑩ fragile

●郵便に関する語彙（3）
1．配達（　）　　2．保険（　）　　3．郵便番号（　）
4．郵便料金（　）　5．書留（　）　　6．往復はがき（　）
7．局留め郵便（　）　8．料金別納郵便（　）　9．送金（　）
10．受取人指定郵便（　）

① general delivery ② registered mail ③ reply-paid postcard
④ restricted delivery ⑤ zip code ⑥ insurance ⑦ remittance
⑧ delivery ⑨ postage ⑩ metered mail

●学校に関する語彙（1）
1．学年（　）　　2．掲示板（　）　　3．実験室（　）
4．学用品（　）　5．幼稚園（　）　6．小学校（　）　7．遅刻（　）
8．転校する（　）　9．義務教育（　）　10．欠席（　）

① absence ② kindergarten ③ compulsory education ④ laboratory
⑤ transfer ⑥ bulletin board ⑦ grade ⑧ tardy ⑨ elementary school
⑩ school supplies

●学校に関する語彙（2）
1．男女共学（　）　2．制服（　）　　3．学位（　）
4．教育費（　）　5．講堂（　）　　6．出席（　）
7．専門学校（　）　8．予備校（　）　9．体育館（　）
10．いじめ（　）

① attendance ② degree ③ bullying ④ gymnasium ⑤ school uniform
⑥ vocational school ⑦ educational expenses ⑧ auditorium
⑨ preparatory school ⑩ coeducation

●学校に関する語彙（3）
1．単位（　）　2．入学許可（　）　3．学業成績証明書（　）
4．卒業式（　）　5．偏差値（　）　6．奨学金（　）
7．出席簿（　）8．内申書（　）　9．学期（　）
10．授業料（　）

① semester（term）② tuition　③ commencement　④ deviation value
⑤ school report　⑥ roll book　⑦ fellowship　⑧ admission　⑨ credit
⑩ transcript

●学問に関する語彙（1）
1．経済学（　）　2．哲学（　）　3．文学（　）　4．心理学（　）
5．政治学（　）　6．天文学（　）　7．経営学（　）
8．社会学（　）　9．人類学（　）　10．生物学（　）

① astronomy　② biology　③ philosophy　④ sociology　⑤ psychology
⑥ anthropology　⑦ literature　⑧ political science　⑨ economics
⑩ business administration

●学問に関する語彙（2）
1．工学（　）　2．美学（　）　3．代数学（　）　4．考古学（　）
5．倫理学（　）　6．動物学（　）　7．地質学（　）
8．言語学（　）　9．数学（　）　10．物理学（　）

① mathematics　② engineering　③ algebra　④ ethics　⑤ linguistics
⑥ aesthetics　⑦ physics　⑧ archeology　⑨ zoology　⑩ geology

●病名に関する語彙（1）
1．貧血（　）　2．拒食症（　）　3．過食症（　）
4．盲腸炎（　）5．関節炎（　）6．神経痛（　）
7．ぜんそく（　）　8．水虫（　）9．脳出血（　）
10．虫歯（　）

① brain hemorrhage　② asthma　③ athlete's foot　④ appendicitis
⑤ neuralgia　⑥ anemia　⑦ anorexia　⑧ bulimia　⑨ cavity　⑩ arthritis

●病名に関する語彙 (2)
1．昏睡（　）　　2．けいれん（　　）　　3．膀胱炎（　　）
4．うつ病（　　）　　5．下痢（　　）　　6．骨折（　　）
7．胃潰瘍（　　）　　8．二日酔い（　　）　　9．花粉症（　　）
10．胸焼け（　　）

① convulsion　② fracture　③ heartburn　④ gastric ulcer　⑤ hangover
⑥ depression　⑦ diarrhea　⑧ hey fever　⑨ cystitis　⑩ coma

●病名に関する語彙 (3)
1．高血圧（　　）　　2．不眠症（　　）　　3．白血病（　　）
4．はしか（　　）　　5．偏頭痛（　　）　　6．生理（　　）
7．肺炎（　　）　　8．日射病（　　）　　9．めまい（　　）
10．嘔吐（　　）

① insomnia　②vertigo (dizziness)　③period　④sunstroke
⑤ vomiting　⑥measles　⑦leukemia　⑧migraine　⑨hypertension
⑩ pneumonia

●医者に関する語彙
1．皮膚科医（　　）　　2．眼科医（　　）　　3．整形外科医（　　）
2．婦人科医（　　）　　5．小児科医（　　）　　6．内科医（　　）
7．外科医（　　）　　8．泌尿器科医（　　）　　9．耳鼻咽喉科医（　　）
11．精神科医（　　）

① pediatrician　② dermatologist　③ gynecologist　④ psychiatrist
⑤ otorhinolaryngologist　⑥ surgeon　⑦ urologist　⑧ ophthalmologist
⑨ physician　⑩ orthopedist

●人体に関する語彙
1．脳（　　）　2．食道（　　）　3．胆嚢（　　）　4．腎臓（　　）
5．肝臓（　　）　6．膵臓（　　）　7．喉頭（　　）　8．関節（　　）
9．脊髄（　　）　10．脾臓（　　）

① spinal cord　② brain　③ spleen　④ larynx　⑤ joint　⑥ pancreas
⑦ liver　⑧ gullet　⑨ gall bladder　⑩ kidney

●職業に関する語彙（1）
1．会社員（　）　2．建築家（　）　3．受付係（　）
4．パン屋（　）　5．美容師（　）　6．仕立て屋（　）
7．修理工（　）　8．花屋（　）　9．消防士（　）
10．肉屋（　）

① fire fighter　② florist　③ butcher　④ tailor　⑤ mechanic　⑥ baker
⑦ hairdresser　⑧ office worker　⑨ architect　⑩ receptionist

●職業に関する語彙（2）
1．不動産屋（　）　2．理容師（　）　3．会計士（　）
4．刑事（　）　5．大工（　）　6．秘書（　）　7．弁護士（　）
8．薬剤師（　）　9．旅行業者（　）　10．眼鏡屋（　）

① carpenter　② optician　③ lawyer　④ accountant　⑤ real estate agent
⑥ pharmacist　⑦ detective　⑧ travel agent　⑨ secretary　⑩ barber

●海外旅行に関する語彙（1）
1．出発（　）　2．手荷物（　）　3．搭乗手続き（　）
4．機内の荷物入れ（　）　5．税関申告書（　）　6．国籍（　）
7．目的地（　）　8．出国カード（　）　9．入国カード（　）
10．現地時間（　）

① nationality　② customs declaration card　③ embarkation card
④ disembarkation card　⑤ overhead compartment　⑥ departure
⑦ destination　⑧ local time　⑨ check in　⑩ baggage

●海外旅行に関する語彙（2）
1．出入国カード（　）　2．税関検査（　）　3．手荷物受け取り所
（　）　4．手荷物引換券（　）　5．搭乗券（　）　6．関税（　）
7．超過手荷物（　）　8．出入国管理事務所（　）　9．検疫（　）
10．手荷物検査（　）

① quarantine　② immigration card　③ security screening　④ immigration
⑤ customs duties　⑥ baggage claim tags　⑦ boarding pass
⑧ customs inspection　⑨baggage claim area　⑩excess baggage

●政治に関する語彙 (1)
1. 首相（　）　2. 内閣（　）　3. 行政（　）　4. 政府（　）
5. 連立内閣（　）　6. 行政改革（　）　7. 大臣（　）
8. 閣僚（　）　9. 任命（　）　10. 自治（　）

① minister　② administration　③ Cabinet minister　④ coalition Cabinet
⑤ prime minister　⑥ administrative reform　⑦ autonomy
⑧ appointment　⑨ government　⑩ Cabinet

●政治に関する語彙 (2)
1. 二院制（　）　2. 選挙（　）　3. 選挙権（　）
4. 補欠選挙（　）　5. 予算委員会（　）　6. 選挙民（　）
7. 選挙区（　）　8. 選挙運動（　）　9. 立候補（　）
10. 立候補者（　）

① election　② electorate　③ candidate　④ constituency
⑤ bicameral system　⑥ budget committee　⑦ candidacy　⑧ by-election
⑨ suffrage　⑩ election campaign

●政治に関する語彙 (3)
1. 国会（　）　2. 現職者（　）　3. 解散（　）　4. 衆議院（　）
5. 参議院（　）　6. 与党（　）　7. 野党（　）　8. 政党（　）
9. 決定票（　）　10. 不信任投票（　）

① ruling party　② the Diet　③ dissolution　④ incumbent
⑤ the House of Representative　⑥ the House of Councilors
⑦ vote of nonconfidence　⑧ casting vote　⑨ opposition party
⑩ political party

●政治に関する語彙 (4)
1. 立法（　）　2. 立法権（　）　3. 本会議（　）
4. 議会制（　）　5. 不在投票（　）　6. 有権者（　）
7. 選挙遊説（　）　8. 開票結果（　）　9. 投票所（　）
10. 国民投票（　）

① eligible voter ② polling station ③ absentee vote ④ campaign trial
⑤ referendum ⑥ election returns ⑦ legislation ⑧ plenary session
⑨ parliamentary system ⑩ legislative power

●経済に関する語彙（1）
1．経済成長（　）　　2．景気（　）　　3．景気回復（　）
4．国債（　）　5．市場経済（　）　　6．経済制裁（　）
7．開放経済（　）　　8．黒字（　）　　9．赤字（　）
10．国民所得（　）

① open economy ② surplus ③ national income ④ business recovery
⑤ deficit ⑥ economic growth ⑦ economic sanctions ⑧ business
⑨ market economy ⑩ government bond

●経済に関する語彙（2）
1．金融政策（　）　　2．金融緩和（　）　　3．円高（　）
4．円安（　）　5．株式市場（　）　　6．金融市場（　）
7．公共投資（　）　　8．公共支出（　）　　9．公定歩合（　）
10．投資（　）

① appreciation of yen ② depreciation of yen ③ financial policy
④ public investment ⑤ official discount rate ⑥ public expenditure
⑦ stock market ⑧ monetary ease ⑨ investment ⑩ money market

●経済に関する語彙（3）
1．証券取引所（　）　　2．投機（　）　　3．国際収支（　）
4．貿易収支（　）　5．元金（　）　　6．純益（　）
7．歳入（　）8．歳出（　）　9．現金払い（　）　10．配当（　）

① pay-as-you-go system ② principal ③ net income ④ dividend
⑤ speculation ⑥ stock exchange ⑦ revenue ⑧ balance of payments
⑨ expenditure ⑩ trade balance

●宗教に関する語彙 (1)
1．信仰（　）　　2．仏教（　）　　3．禅宗（　）　　4．神道（　）
5．儒教（　）　　6．道教（　）　　7．ヒンズー教（　）
8．イスラム教（　）　　9．キリスト教（　）
10．キリスト教徒（　）

① Islam (Islamism)　② faith　③ Hinduism　④ Christian
⑤ Christianity　⑥ Confucianism　⑦ Shinto (Shintoism)　⑧ Taoism
⑨ Buddhism　⑩ Zen Buddhism

●宗教に関する語彙 (2)
1．教義（　）　　2．崇拝（　）　　3．無神論者（　）
4．教祖（　）　　5．安息日（　）　　6．経典（　）
7．新興宗教（　）　　8．洗礼（　）　　9．聖職者（　）
10．神学者（　）

① clergy　② theologian　③ atheist　④ guru　⑤ doctrine　⑥ baptism
⑦ scripture (sutra)　⑧ Sabbath　⑨ worship　⑩ cult

●ビジネスに関する語彙 (1)
1．本社（　）　　2．支店（　）　　3．年金（　）
4．定年退職（　）　　5．有給休暇（　）　　6．就職口（　）
7．人件費（　）　　8．夜勤（　）　　9．ストライキ（　）
10．会長（　）

① job opening　② personnel cost　③ Chief Executive Officer (CEO)
④ the night shift　⑤ paid vacation　⑥ mandatory retirement　⑦ head office
⑧ walkout　⑨ branch office　⑩ pension

●ビジネスに関する語彙 (2)
1．通勤手当（　）　　2．残業手当（　）　　3．失業手当（　）
4．履歴書（　）　　5．求人広告（　）　　6．セット料金（　）
7．処分セール（　）　　8．儲かる商品（　）　　9．目玉商品（　）
10．売り上げ高（　）

① clearance sale ② loss leader ③ unemployment allowance
④ resume ⑤ classified ad ⑥ proceeds ⑦ cash cow
⑧ commuting allowance ⑨ overtime allowance ⑩ unit price

●ビジネスに関する語彙（3）
1．労働組合（　）　2．業務日誌（　）　3．ちらし（　）
4．明細（　）　5．債権者（　）　6．督促状（　）
7．特許権（　）　8．合併（　）　9．高額商品（　）
10．薄利多売（　）

① breakdown ② low-margin high-turnover ③ amalgamation
④ labor union ⑤ leaflet ⑥ creditor ⑦ high-ticket item ⑧ log
⑨ reminder ⑩ royalty

●図形に関する語彙（1）
1．円（　）　2．楕円（　）　3．扇形（　）
4．正方形（　）　5．長方形（　）　6．ひし形（　）
7．五角形（　）　8．六角形（　）　9．七角形（　）
10．八角形（　）

① square ② pentagon ③ oval ④ circle ⑤ rectangle ⑥ hexagon
⑦ diamond ⑧ octagon ⑨ heptagon ⑩ sector

●図形に関する語彙（2）
1．台形（　）　2．立方体（　）　3．球（　）　4．円柱（　）
5．円錐（　）　6．四面体（　）　7．角錐（　）
8．四角錐（　）　9．展開図（　）　10．二等辺三角形（　）

① pyramid ② cylinder ③ trapezoid ④ cone ⑤ development
⑥ cube ⑦ sphere ⑧ prism ⑨ tetrahedron ⑩ isosceles triangle

●数学に関する語彙（1）
1．比例（　）　2．正比例（　）　3．反比例（　）　4．長さ（　）
5．重さ（　）　6．面積（　）　7．体積（　）　8．底辺（　）
9．頂点（　）　10．円周（　）

① length ② volume ③ area ④ vertex ⑤ base ⑥ direct proportion
⑦ inverse proportion ⑧ weight ⑨ circumference ⑩ proportion

●数学に関する語彙（2）
1．半径（　）　2．直径（　）　3．接線（　）　4．接点（　）
5．角度（　）　6．中心角（　）　7．内角（　）　8．外角（　）
9．放物線（　）　10．座標（　）

① tangential line ② center angle ③ coordinates ④ interior angle
⑤ angle ⑥ parabola ⑦ exterior angle ⑧ radius ⑨ diameter
⑩ point of contact

●数学に関する語彙（3）
1．関数（　）　2．因数（　）　3．整数（　）　4．実数（　）
5．偶数（　）　6．奇数（　）　7．四捨五入する（　）
8．切り上げる（　）　9．横（幅）（　）　10．高さ（　）

① real number ② factor ③ function ④ odd number ⑤ integer
⑥ height ⑦ even number ⑧ round up ⑨ width ⑩ round off

●数学に関する語彙（4）
1．奥行き（　）　2．足し算（　）　3．引き算（　）
4．かけ算（　）　5．わり算（　）　6．等式（　）
7．最大公約数（　）　8．最小公倍数（　）　9．平行線（　）
10．対角線（　）

① greatest common divisor ② multiplication ③ addition
④ least common multiple ⑤ subtraction ⑥ depth ⑦ diagonal line
⑧ parallel line ⑨ equation ⑩ division

●グラフに関する語彙
1．図形（　）　2．ベン図（　）　3．円グラフ（　）
4．度数分布図（　）　5．線グラフ（　）　6．放物線グラフ（　）
7．棒グラフ（　）　8．絵グラフ（　）　9．樹形図（　）
10．流れ図（　）

① pictograph ② histogram ③ diagram ④ line graph ⑤ bar graph ⑥ Venn diagram ⑦ parabolic graph ⑧ flow chart ⑨ pie chart ⑩ tree diagram

●擬音語（1）
1．パチパチ（　）　2．クスクス（　）　3．ガラガラ（　）
4．ヨロヨロ（　）　5．ハアハア（　）　6．ゴクリ（　）
7．グイ（　）　8．ゼイゼイ（　）　9．ピシャッ（　）
10．ドシンドシン（　）

① chuckle (giggle) ② clap ③ gulp ④ wheeze ⑤ slap ⑥ wobble ⑦ stomp ⑧ gargle ⑨ pant ⑩ yank

●擬音語（2）
1．キラキラ（　）　2．ピカピカ（　）　3．ギラギラ（　）
4．パチッ（火花）（　）　5．ピカッ（　）　6．ゴロゴロ（雷）（　）
7．ポタッ（　）　8．カサカサ（　）　9．ポチャン（　）
10．ザー（水）（　）

① sparkle ② glitter ③ rumble ④ twinkle ⑤ drip ⑥ flash ⑦ glare ⑧ plop ⑨ rustle ⑩ flush

●擬音語（3）
1．ハクション（　）　2．ムシャムシャ（　）　3．ボリボリ（　）
4．ゲーップ（　）　5．クンクン（　）　6．ゲッ（オエッ）（　）
7．ペチャクチャ（　）　8．ベラベラ（　）　9．ゲーッ（　）
10．チュー（　）

① munch ② barf ③ blab ④ smooch ⑤ atchoo ⑥ blech ⑦ crunch ⑧ burp ⑨ sniff ⑩ yackety-yak

●擬音語（4）
1．ヒューッ（　）　2．キーキー（　）　3．ブスッ（　）
4．カタン（　）　5．チョキン（　）　6．キキーッ（　）
7．パタパタ（　）　8．カチッ（　）　9．ビュン（　）
10．ウィーン（　）

① whir　② whoosh　③ zip　④ creak　⑤ screech　⑥ jab　⑦ click
⑧ chunk　⑨ snip　⑩ flip-flop

● **擬音語（5）**
1．ゴロゴロ（猫）（　）　2．ガオー（ライオン）（　）
3．ブーブー（豚）（　）　4．モー（牛）（　）
5．メー（ヤギ）（　）　6．ガーガー（ガチョウ）（　）
7．チュンチュン（鳥）（　）　8．ピヨピヨ（ヒヨコ）（　）
9．コケコッコー（鶏）（　）　10．ウー（犬）（　）

① oink-oink　② growl　③ cheep-cheep　④ moo　⑤ baa-baa　⑥ purr
⑦ grr　⑧ chirp-chirp　⑨ gabble-gabble　⑩ cock-a-doodle-doo

語彙の解答

●日用品に関する語彙
1. ②　2. ⑨　3. ⑧　4. ④　5. ③　6. ⑤　7. ⑥　8. ①　9. ⑦　10. ⑩

●文房具に関する語彙
1. ⑨　2. ⑩　3. ⑧　4. ②　5. ③　6. ④　7. ⑦　8. ⑤　9. ①　10. ⑥

●食品に関する語彙
1. ③　2. ⑦　3. ④　4. ⑧　5. ⑤　6. ⑨　7. ①　8. ②　9. ⑥　10. ⑩

●鉄道に関する語彙
1. ④　2. ⑤　3. ②　4. ⑩　5. ⑦　6. ⑧　7. ①　8. ⑥　9. ③　10. ⑨

●犯罪に関する語彙（1）
1. ⑤　2. ⑩　3. ④　4. ⑥　5. ③　6. ①　7. ⑨　8. ⑦　9. ⑧　10. ②

●犯罪に関する語彙（2）
1. ②　2. ⑥　3. ⑨　4. ③　5. ④　6. ⑩　7. ①　8. ⑤　9. ⑦　10. ⑧

●犯罪に関する語彙（3）
1. ②　2. ⑤　3. ④　4. ⑦　5. ⑧　6. ③　7. ①　8. ⑩　9. ⑨　10. ⑥

●科学技術に関する語彙
1. ⑨　2. ③　3. ①　4. ⑩　5. ⑧　6. ④　7. ②　8. ⑥　9. ⑦　10. ⑤

●化学に関する語彙（1）
1. ⑧　2. ⑥　3. ⑦　4. ①　5. ⑤　6. ⑩　7. ④　8. ②　9. ⑨　10. ③

●化学に関する語彙（2）
1. ⑤　2. ⑧　3. ⑨　4. ②　5. ④　6. ③　7. ⑩　8. ①　9. ⑥　10. ⑦

●電話に関する語彙
1. ③　2. ⑧　3. ⑨　4. ⑤　5. ①　6. ⑩　7. ②　8. ⑥　9. ⑦　10. ④

●気候に関する語彙（1）
1. ⑨ 2. ⑤ 3. ⑧ 4. ③ 5. ② 6. ① 7. ④ 8. ⑩ 9. ⑦ 10. ⑥

●気候に関する語彙（2）
1. ⑦ 2. ⑨ 3. ⑥ 4. ⑧ 5. ② 6. ③ 7. ⑤ 8. ⑩ 9. ① 10. ④

●気候に関する語彙（3）
1. ⑥ 2. ⑦ 3. ⑤ 4. ③ 5. ④ 6. ② 7. ① 8. ⑨ 9. ⑩ 10. ⑧

●郵便に関する語彙（1）
1. ⑩ 2. ⑥ 3. ⑧ 4. ① 5. ② 6. ③ 7. ⑦ 8. ⑤ 9. ④ 10. ⑨

●郵便に関する語彙（2）
1. ⑨ 2. ⑥ 3. ④ 4. ② 5. ⑤ 6. ③ 7. ⑧ 8. ① 9. ⑩ 10. ⑦

●郵便に関する語彙（3）
1. ⑧ 2. ⑥ 3. ⑤ 4. ⑨ 5. ② 6. ③ 7. ① 8. ⑩ 9. ⑦ 10. ④

●学校に関する語彙（1）
1. ⑦ 2. ⑥ 3. ④ 4. ⑩ 5. ② 6. ⑨ 7. ⑧ 8. ⑤ 9. ③ 10. ①

●学校に関する語彙（2）
1. ⑩ 2. ⑤ 3. ② 4. ⑦ 5. ⑧ 6. ① 7. ⑥ 8. ⑨ 9. ④ 10. ③

●学校に関する語彙（3）
1. ⑨ 2. ⑧ 3. ⑩ 4. ③ 5. ④ 6. ⑦ 7. ⑥ 8. ⑤ 9. ① 10. ②

●学問に関する語彙（1）
1. ⑨ 2. ③ 3. ⑦ 4. ⑤ 5. ⑧ 6. ① 7. ⑩ 8. ④ 9. ⑥ 10. ②

●学問に関する語彙（2）
1. ② 2. ⑥ 3. ③ 4. ⑧ 5. ④ 6. ⑨ 7. ⑩ 8. ⑤ 9. ① 10. ⑦

●病名に関する語彙（1）
1. ⑥ 2. ⑦ 3. ⑧ 4. ④ 5. ⑩ 6. ⑤ 7. ② 8. ③ 9. ① 10. ⑨

●病名に関する語彙 (2)
1. ⑩ 2. ① 3. ⑨ 4. ⑥ 5. ⑦ 6. ② 7. ④ 8. ⑤ 9. ⑧ 10. ③

●病名に関する語彙 (3)
1. ⑨ 2. ① 3. ⑦ 4. ⑥ 5. ⑧ 6. ③ 7. ⑩ 8. ④ 9. ② 10. ⑤

●医者に関する語彙
1. ② 2. ⑧ 3. ⑩ 4. ③ 5. ① 6. ⑨ 7. ⑥ 8. ⑦ 9. ⑤ 10. ④

●人体に関する語彙
1. ② 2. ⑧ 3. ⑨ 4. ⑩ 5. ⑦ 6. ⑥ 7. ④ 8. ⑤ 9. ① 10. ③

●職業に関する語彙 (1)
1. ⑧ 2. ⑨ 3. ⑩ 4. ⑥ 5. ⑦ 6. ④ 7. ⑤ 8. ② 9. ① 10. ③

●職業に関する語彙 (2)
1. ⑤ 2. ⑩ 3. ④ 4. ⑦ 5. ① 6. ⑨ 7. ③ 8. ⑥ 9. ⑧ 10. ②

●海外旅行に関する語彙 (1)
1. ⑥ 2. ⑩ 3. ⑨ 4. ⑤ 5. ② 6. ① 7. ⑦ 8. ③ 9. ④ 10. ⑧

●海外旅行に関する語彙 (2)
1. ② 2. ⑧ 3. ⑨ 4. ⑥ 5. ⑦ 6. ⑤ 7. ⑩ 8. ④ 9. ① 10. ③

●政治に関する語彙 (1)
1. ⑤ 2. ⑩ 3. ② 4. ⑨ 5. ④ 6. ⑥ 7. ① 8. ③ 9. ⑧ 10. ⑦

●政治に関する語彙 (2)
1. ⑤ 2. ① 3. ⑨ 4. ⑧ 5. ⑥ 6. ② 7. ④ 8. ⑩ 9. ⑦ 10. ③

●政治に関する語彙 (3)
1. ② 2. ④ 3. ③ 4. ⑤ 5. ⑥ 6. ① 7. ⑨ 8. ⑩ 9. ⑧ 10. ⑦

●政治に関する語彙 (4)
1. ⑦ 2. ⑩ 3. ⑧ 4. ⑨ 5. ③ 6. ① 7. ④ 8. ⑥ 9. ② 10. ⑤

●経済に関する語彙 (1)
1. ⑥ 2. ⑧ 3. ④ 4. ⑩ 5. ⑨ 6. ⑦ 7. ① 8. ② 9. ⑤ 10. ③

●経済に関する語彙 (2)
1. ③ 2. ⑧ 3. ① 4. ② 5. ⑦ 6. ⑩ 7. ④ 8. ⑥ 9. ⑤ 10. ⑨

●経済に関する語彙 (3)
1. ⑥ 2. ⑤ 3. ⑧ 4. ⑩ 5. ② 6. ③ 7. ⑦ 8. ⑨ 9. ① 10. ④

●宗教に関する語彙 (1)
1. ② 2. ⑨ 3. ⑩ 4. ⑦ 5. ⑥ 6. ⑧ 7. ③ 8. ① 9. ⑤ 10. ④

●宗教に関する語彙 (2)
1. ⑤ 2. ⑨ 3. ③ 4. ④ 5. ⑧ 6. ⑦ 7. ⑩ 8. ⑥ 9. ① 10. ②

●ビジネスに関する語彙 (1)
1. ⑦ 2. ⑨ 3. ⑩ 4. ⑥ 5. ⑤ 6. ① 7. ② 8. ④ 9. ⑧ 10. ③

●ビジネスに関する語彙 (2)
1. ⑧ 2. ⑨ 3. ③ 4. ④ 5. ⑤ 6. ⑩ 7. ① 8. ⑦ 9. ② 10. ⑥

●ビジネスに関する語彙 (3)
1. ④ 2. ⑧ 3. ⑤ 4. ① 5. ⑥ 6. ⑨ 7. ⑩ 8. ③ 9. ⑦ 10. ②

●図形に関する語彙 (1)
1. ④ 2. ③ 3. ⑩ 4. ① 5. ⑤ 6. ⑦ 7. ② 8. ⑥ 9. ⑨ 10. ⑧

●図形に関する語彙 (2)
1. ③ 2. ⑥ 3. ⑦ 4. ② 5. ④ 6. ⑨ 7. ⑧ 8. ① 9. ⑤ 10. ⑩

●数学に関する語彙 (1)
1. ⑩ 2. ⑥ 3. ⑦ 4. ① 5. ⑧ 6. ③ 7. ② 8. ⑤ 9. ④ 10. ⑨

●数学に関する語彙 (2)
1. ⑧ 2. ⑨ 3. ① 4. ⑩ 5. ⑤ 6. ② 7. ④ 8. ⑦ 9. ⑥ 10. ③

●数学に関する語彙（3）
1. ③　2. ②　3. ⑤　4. ①　5. ⑦　6. ④　7. ⑩　8. ⑧　9. ⑨　10. ⑥

●数学に関する語彙（4）
1. ⑥　2. ③　3. ⑤　4. ②　5. ⑩　6. ⑨　7. ①　8. ④　9. ⑧　10. ⑦

●グラフに関する語彙
1. ③　2. ⑥　3. ⑨　4. ②　5. ④　6. ⑦　7. ⑤　8. ①　9. ⑩　10. ⑧

●擬音語（1）
1. ②　2. ①　3. ⑧　4. ⑥　5. ⑨　6. ③　7. ⑩　8. ④　9. ⑤　10. ⑦

●擬音語（2）
1. ④　2. ②　3. ⑦　4. ①　5. ⑥　6. ③　7. ⑤　8. ⑨　9. ⑧　10. ⑩

●擬音語（3）
1. ⑤　2. ①　3. ⑦　4. ⑧　5. ⑨　6. ⑥　7. ⑩　8. ③　9. ②　10. ④

●擬音語（4）
1. ②　2. ④　3. ⑥　4. ⑧　5. ⑨　6. ⑤　7. ⑩　8. ⑦　9. ③　10. ①

●擬音語（5）
1. ⑥　2. ⑦　3. ①　4. ④　5. ⑤　6. ⑨　7. ⑧　8. ③　9. ⑩　10. ②

参考文献

『米語らしい米語の会話表現辞典 1700』, マクミランランゲージハウス
『米語会話きまり文句辞典』, マクミランランゲージハウス
『英会話とっさのひとこと辞典』, DHC
『禁じられた米語俗語表現辞典1400』, マクミランランゲージハウス
『会話に使える米語口語イディオム101』, マクミランランゲージハウス
『重要米語イディオム1200』, 旺文社
『最新日米口語辞典』, 朝日出版社
『最新和英口語辞典』, 朝日出版社
『アメリカ口語辞典』, 朝日出版社
『現代日英表現辞典』, 研究社
『新英和大辞典』, 研究社
『新和英大辞典』, 研究社
『リーダーズ英和辞典』, 研究社
『最新日米表現辞典』, 小学館
『ランダムハウス英和大辞典』, 小学館
『ジーニアス英和大辞典』, 大修館
『日英比較ことわざ事典』, 創元社
『日英故事ことわざ辞典』, 北星堂書店
『日英対照:擬声語辞典』, 学書房
『擬声語擬態語慣用句辞典』, 東京堂出版
A Dictionary of American Idioms, Barrons Educational Series Inc.
Collins Cobuild Dictionary of Idioms, Heinle.
Oxford Dictionary of English Idioms, Oxford University Press.
The Oxford Dictionary of Proverbs, Oxford University Press.
Dictionary of Proverbs and Their Origins, Kyle Cathie.

著者略歴

宗正佳啓（むねまさ よしひろ）

1963年山口県生まれ。2000年に九州大学大学院文学研究科文学博士号を取得し、現在、福岡工業大学社会環境学部准教授。

主な著書：*English Linguistics* 15（"A Note on Tense Islands" の項執筆、開拓社、1998）、『言語学からの眺望2003』（「標準英語の非顕在的 wh 素性照合」の項執筆、九州大学出版会、2003）、*An Optimality Theoretic Approach to the C-system and its Cross-linguistic Variation*（九州大学出版会、2003）、*English Linguistics* 23（"Notes on Covert *Wh-agreement*" の項執筆、開拓社、2006）、『英文法のポイント』（九州大学出版会、2008）など。

主な論文："Case Checking of *Wh*-trace in ECM Constructions," *Kyushu Studies in English Literature*, Vol.11, 43-72（The Kyushu Branch of the English Literary Society of Japan, 1994）、"Multiple Wh-Interrogatives," *Kyushu Studies in English Literature*, Vol. 12, 59-89（The Kyushu Branch of the English Literary Society of Japan, 1995）、"Feature Checking and *That*-Trace Effect," *Proceedings of the Kansai Linguistic Society*, Vol. 15, 69-78（Kansai Linguistic Society, 1995）、"Variation of Inversion in Embedded Questions," *Papers from the 21st National Conference of the English Linguistic Society of Japan*, 161-170（The English Linguistic Society of Japan, 2004）、「ゼロ that 節の起源」*Papers from the 24th National Conference of the English Linguistic Society of Japan*, 151-160（The English Linguistic Society of Japan, 2007）他多数。

役に立つ英語口語表現集

2011 年 10 月 25 日 初版発行

著　者　宗　正　佳　啓
発行者　五十川　直　行
発行所　(財)九州大学出版会
　　　　〒812-0053 福岡市東区箱崎 7-1-146
　　　　　　　　　九州大学構内
　　　　電話　092-641-0515（直通）
　　　　振替　01710-6-3677
　　　　印刷・製本　城島印刷株式会社

　　©Munemasa Yoshihiro 2011　　ISBN 978-4-7985-0061-4

英文法のポイント

宗正佳啓　　　　　　　Ａ５判 114頁 2,000円（税別）

英語を話したり，書いたりするときによく間違えてしまう文法項目とはどのようなものか。具体的な例とそれに関する簡潔な解説，そして練習問題もついているので，効率よく文法の学習ができる。また，付録にいろいろな単語の問題もあり，語彙力増強にも役立つ。

〈主要目次〉句読法／名詞／冠詞／動詞／形容詞／副詞／前置詞／関係代名詞／準動詞／比較／その他注意すべき構文／語彙

九州大学出版会